Blake K. Healy

Durch den Schleier sehen

Blake K. Healy

Durch den Schleier sehen

Eine Einladung in die unsichtbare Welt

GloryWorld-Medien

5. Auflage 2025

Bibelzitate sind, falls nicht anders gekennzeichnet, der der Neuen Genfer Übersetzung, 2009, entnommen. Weitere Bibelübersetzungen:

NeÜ: Neue evangelistische Übersetzung © 2013 Karl-Heinz Vanheiden
NLB: „Neues Leben. Die Bibelübersetzung", Holzgerlingen, 2002

Das Buch folgt den Regeln der Deutschen Rechtschreibreform. Die Bibelzitate wurden diesen Rechtschreibregeln angepasst.

Übersetzung: Klaudia Wagner
Lektorat/Satz: Manfred Mayer
Umschlaggestaltung: Vincent Pirozzi und Jens Neuhaus (www.7dinge.de)
Druck: CPI books GmbH, Leck

Printed in Germany

ISBN: 978-3-95578-349-5
Bestellnummer: 356349

Erhältlich beim Verlag:

GloryWorld-Medien
Beit-Sahour-Str. 4
D-46509 Xanten
Tel.: 02801-9854003
Fax: 02801-9854004
info@gloryworld.de
www.gloryworld.de

oder in jeder Buchhandlung

Stimmen zum Buch

Wir alle brauchen Menschen, die uns in unseren Gaben und in unserem geistlichen Leben ermutigen, aber meist tendieren wir dazu, in unserer Beziehung zu Gott und den Dingen des Geistes unsere eigenen Wege zu verfolgen. Blakes Buch bietet uns eine großartige Möglichkeit, mit unseren Gewohnheiten zu brechen. Durch seinen brillanten Schreibstil macht er uns seine geistliche Sicht der Dinge zugänglich. Dieses Buch erweitert unseren Horizont, lässt unseren geistlichen Hunger wachsen und rüstet uns für die Tage zu, in denen wir leben!

Paul Manwaring
Autor „Die Herrlichkeit Gottes"

Dieses extrem aufschlussreiche Buch muss man einfach gelesen haben; ich habe schon viele Leute dazu ermutigt. Blake lässt uns an seinem Leben teilhaben – an seinen Erfahrungen und dem Prozess, wie Gott ihn lehrte, mit dem umzugehen, was er sieht, und dabei mit dem Himmel zusammenzuarbeiten. Brillant!

Eric Johnson
Hauptpastor der Bethel-Gemeinde in Redding (Kalifornien)

Inhalt

Widmung

Für meine Frau April.

Du hast mehr Freiheit und Liebe
in mein Leben gebracht,
als ich mir je hätte vorstellen können.

Danksagung

Ich möchte allen Freunden
und der ganzen Familie danken,
die mein Leben so erfüllt und reich gemacht haben,
wie es jetzt ist.

Mein besonderer Dank gilt John Pitzer,
Brent Brownlee und Dean Porter
für ihre Unterstützung,
dieses Buch zu dem zu machen, was es ist.

Vorwort

Ich glaube, dass wir in einer Zeit großer Offenbarung leben, und dass wir mehr denn je Leute brauchen, die sehen können. Ich spreche dabei von solchen, die physisch in den Bereich der geistlichen Welt sehen können. Es gibt viele unter uns, welche diese einzigartige Gabe haben. Viele von ihnen halten sich im Verborgenen, da sie sich davor fürchten, etwas von ihrer Welt zu erzählen. Sie fragen sich, ob mit ihnen etwas nicht stimmt. Die geistliche Welt starrt ihnen sozusagen ständig ins Gesicht und ist dabei sehr real – realer als die physische Welt.

Wir brauchen diese Leute in unserer Welt, und deshalb rate ich Leitern immer, offen für sie zu sein. Selbst wenn wir diese Gabe nicht haben, ist es wichtig, dass wir aufstehen und Mentoren und Hirten für die sind, welche in den Bereich des Geistes schauen können.

Die Bibel spricht von Sehern. Viele der geistlichen Leiter und der Könige im Alten Testament hatten ihre eigenen Seher. König David hatte Gad und Asaph. Saul hatte Samuel. Salomo hatte Iddo. Und es gab noch mehr. Diese Leiter waren in ihrem Leben von den Sehern abhängig. Sie gaben ihnen einen Platz, ohne sie zu missbrauchen.

Bei Blake begann es, als er noch sehr jung war. Ich habe beobachtet, wie er in dieser Gabe reifte – mit all den Höhen und Tiefen, aber auch mit viel Gnade. Eines mag ich an diesem Buch ganz besonders, nämlich wie Blake seine Beziehung zu Gott lebt. Seine Liebe zu ihm und seine Offenbarungen und Erkenntnisse über das Vaterherz werden für alle, die dieses Buch lesen, lebensverändernd sein.

Blake spricht offen über seine Gabe und die Schwierigkeiten, die er damit hatte. Er schreibt über die guten Zeiten, aber auch über die Zeiten, in denen er seine Gabe verbarg, und die Gründe dafür.

Wie viele andere lerne auch ich durch Geschichten. Dieses Buch enthält erstaunliche Geschichten aus der Seherwelt. Darin sind wichtige Offenbarungen und gute, solide Wahrheiten enthalten. Eine davon ist die, dass die Gabe des Sehens vielen Menschen offensteht.

Nachdem ich das Buch gelesen hatte, machte ich selbst die Erfahrung, dass ich auf einmal Dinge sah, die ich vorher nicht wahrgenommen hatte. Jeder, der diese Seiten mit offenem Herzen liest, kann dadurch eine Salbung empfangen. Sei bereit dafür! Ich wünsche dir, dass du von Begeisterung ergriffen wirst, wenn du dieses Buch liest.

Je mehr wir uns nach Gott und seiner wundervollen Gegenwart ausstrecken, desto mehr wird die geistliche Welt für uns lebendig.

Danke, Blake, dass du uns dein Leben und deine Offenbarungen nahegebracht hast. Ich glaube, dass dies das aufschlussreichste Buch über die Sehersalbung ist, das ich je gelesen habe.

Beni Johnson
Senior Pastor, Bethel Church
Autor von *Der glückliche Fürbitter*

Einführung

Meine früheste Erinnerung ist die an einen Engel. Ich war zwei Jahre alt und im Kindersitz angeschnallt, hinten im Minivan meiner Eltern. Meine Mutter saß am Steuer und plauderte mit dem Kassierer am Fenster einer Drive-Through-Bank[1]. Eine kleine Gruppe Lichter in der Größe eines Baseballs schwebte über dem Kopf meiner Mutter. Die Lichter schwangen im Takt der Anbetungsmusik aus dem Radio vor und zurück, als seien sie in einer Unterwasserströmung gefangen.

Meine zweite Erinnerung ist die an einen Dämon. Ich stand im Schlafzimmer meiner Eltern und lauschte angestrengt der Unterhaltung, die sie einen Stock höher in der Küche führten. Obwohl ich die gedämpften Worte nicht verstehen konnte, machte mir der unglückliche Ton klar, dass sie sich stritten. Ich starrte hinauf und hoffte, ihre Stimmen irgendwie klarer hören zu können. Da sah ich, wie – ähnlich einem überschweren Wassertropfen – ein Gesicht und schließlich ein Wesen aus der Zimmerdecke hervorkam.

Seine Haut war bleich, die Gesichtszüge waren, abgesehen von seinen finsteren Augen, stumpf; er hatte scharfe, spitze Zähne und einen merkwürdig rechteckigen Kopf. Der Dämon befreite sich aus der Decke und schwebte mir entgegen, und ich sah, dass alles unter seinen Schultern nicht substanzieller war als Rauch. Da ich kein großes Interesse daran hatte, was dieser fliegende Ghul[2] vorhatte, wenn er mich erreichen würde, drehte ich mich um, stürzte mich kopfüber ins Bett meiner Eltern und zog mir die Decke über die Ohren. Nach ein paar Momenten der Stille

---

[1] Bankschalter, an den man mit dem Auto heranfahren kann, Anm. d. Übers.

[2] Ein **Ghul** … ist üblicherweise ein leichenfressendes Fabelwesen und erscheint in verschiedenen mythologischen und literarischen Formen … Der Ghul ist im persisch-arabischen Kulturkreis ein gefährlicher Dämon … (Auszug aus Wikipedia, Zugriff am 06.12.2018).

brachte ich den Mut auf, die Nase aus meinem wattierten und gesteppten Schutzschild hervorzustrecken. Er war weg.

Solang ich denken kann, habe ich Engel, Dämonen und andere geistliche Dinge gesehen. Ich sehe sie, wann immer ich mich dafür entscheide. Und ich sehe sie mit meinen Augen genauso, wie ich dich sehen würde, wenn du mir gegenübersitzt.

Wenn du Auto fährst, kannst du durch die Windschutzscheibe hindurch auf die Landschaft hinter ihr sehen – die Straße und die anderen Autos (was du wohl auch tun solltest). Du kannst aber auch auf die Windschutzscheibe selbst schauen, das Glas und alle die Staubpartikel und Wassertropfen darauf. Im Geist zu sehen ist ziemlich ähnlich. Du kannst das fokussieren, was sich in der physischen Welt befindet, oder das, was in der geistlichen Welt vor sich geht.

Dieses Buch ist mein dritter Versuch, meine Gedanken und Erfahrungen über die Gabe des Sehens im Geist zu Papier zu bringen. Meine früheren Versuche waren möglicherweise ausführlicher und gründlicher, da ich probiert hatte, jede Erfahrung sorgfältig zu analysieren und Bibelstellen für alle meine Ansichten zusammenzutragen. Aber so edel meine Bemühungen auch waren, endete jeder Versuch irgendwie staubtrocken und, offen gesagt, langweilig. Zwar hätte man dies leicht auf meine Unzulänglichkeit als Schriftsteller zurückführen können, doch hatte ich das Gefühl, dass es mehr war als das. Als die Hoffnung auf eine effektive, aber druckbare Version meiner Lebenserfahrungen dahinschwand, kam Gott und gab mir die richtige Richtung vor.

Er sagte: „Du vertraust ja deinen Lesern gar nicht!" Und ich wusste, dass er recht hatte.

Mit neuem Eifer, meine Erfahrungen mit der Welt zu teilen, begann ich zu schreiben. Und ich hoffe, dass dieses Buch dir einen klaren Einblick in die Gabe vermittelt, von der ich glaube, dass sie jeder selbst erfahren sollte. Um dies zu erreichen, entfernte ich die meisten der ausführlichen Analysen, beschränkte meine Ansichten auf ein Minimum und fügte mehr Geschichten hinzu.

So bleiben in diesem Buch natürlich manche Fragen unbeantwortet. Diese Vorstellung beunruhigte mich zuerst; aber jetzt ist mir klar, dass es damit nicht nur ein Buch *über* das Sehen im Geist ist, sondern auch eine Einladung dazu, es zu tun. Du wirst deine Fragen und Gedanken zum Herrn bringen müssen, wenn du eine Antwort haben willst. Im ersten Moment mag das frustrierend sein, aber es dient meinem eigentlichen Ziel, meine Leser dazu herauszufordern, eine tiefere Beziehung mit Gott einzugehen.

Ich bin weder Theologe noch Bibelgelehrter. Ich bin auch kein Griechisch- oder Hebräisch-Sprachwissenschaftler und habe keine theologische Hochschule besucht. Zum Glück habe ich auch nicht versucht, als solcher für dich zu schreiben. Vielmehr will ich lediglich ein Stück meines Lebens mit dir teilen und es dir überlassen, was es für dich bedeutet.

Vor diesem Hintergrund möchte ich dir noch ein paar einfache Leitlinien mit auf den Weg geben, damit du das Beste aus diesem Buch herausholen kannst:

1. *Denke nach:* Ich werde dir nicht sagen, was du über die hier niedergeschriebenen Erfahrungen zu denken oder zu glauben hast. Zwar habe ich, wo ich es passend fand, einige Gedanken und Ansichten eingefügt, aber grundsätzlich finde ich es besser, wenn du dir selbst ein Bild über diese Geschehnisse machst. Keine Sorge! Gott hätte dir kein so spektakuläres Gehirn gegeben, wenn seine Absicht für dich nicht gewesen wäre, es auch zu benutzen.
2. *Halte Ausschau nach dem Guten:* Das größte Risiko, das ich mit meiner Herangehensweise an diese Sache eingegangen bin, ist, dir als meinen Leser auf halbem Weg zu begegnen. Indem ich dir den Raum lasse, deine eigenen Schlussfolgerungen aus dem Geschriebenen zu ziehen, nehme ich auch in Kauf, dass du falsche und negative Schlüsse ziehen könntest. Alles in diesem Buch soll jedoch die Herrlichkeit Gottes offenbaren. Vielleicht stimmst du nicht mit meinen Ansichten oder Erfahrungen überein oder hältst noch nicht einmal für wahr, was ich gesehen habe. Aber das ist kein Problem für mich, solange du auf das Gute schaust.

3. *Sprich mit Gott:* Alles, was wir denken und tun, sollte im Dialog mit Gott geschehen. Alles, was wir nicht in die Beziehung zu Gott integrieren, ist absolute Zeitverschwendung. Ohne eine intime Beziehung zu deinem Schöpfer ist es unmöglich, irgendetwas Nützliches aus diesem Buch herauszuholen (und ehrlich gesagt auch nicht aus irgendeinem anderen). Er kann sich viel besser selbst offenbaren, als ich es jemals tun könnte.

Es mag ein bisschen anmaßend sein, gleich zu Beginn eines Buches eine Liste mit Forderungen zu stellen, aber diese drei Bitten sind die effektivsten Schlüssel, um das Beste daraus zu machen. Zufällig sind sie auch der beste Weg, um in einem Leben des geistlichen Sehens zu wachsen. Ich möchte dir durch dieses Buch geistlich etwas vermitteln, aber noch viel mehr liegt mir am Herzen, dass es eine offene Tür zu Gottes Königreich ist.

TEIL I

Kapitel 1

Meine Geschichte, Teil 1

Schon den ganzen Tag hatte ich schweißnasse Hände. Ich halte mich nicht für einen nervösen Menschen, aber an diesem Tag hatte ich einen guten Grund. Ich wartete vor einer kleinen Wohnung und tat mein Bestes, um über das schöne Wetter nachzudenken. Es war ein kühler Frühlingsabend in Redding (Kalifornien), und ich war kurz davor, mein erstes Jahr in der *Bethel School of Supernatural Ministry* (Schule für den übernatürlichen Dienst) abzuschließen. Ich war gerade von der durch die Schule organisierten Missionsreise zurück, die einen wesentlichen Teil des letzten Semesters ausgemacht hatte. Es war ein Jahr gewaltiger Durchbrüche gewesen, insbesondere, was meine Gabe des geistlichen Sehens anging. Aber das war das Letzte, woran ich dachte, als ich mich dieser Tür näherte.

Nach der Rückkehr von der Missionsreise nach Mexiko, hatte ich eine gute Freundin gefragt, ob ich in ihrem Hauskreis sprechen könne. Als ich nun eintrat, war ich davon beeindruckt, wie sie es geschafft hatten, so viele Leute in diese winzige Wohnung zu stopfen – so um die vierzig, schätzte ich. Die meisten von ihnen waren Mitstudenten. Während ich auf all die fröhlichen Gesichter um mich herum schaute, begann ich meine Entscheidung mit jeder Faser meines Seins zu bereuen. Ich hatte zwar schon zu größeren Menschenmengen gesprochen – vielfach größeren – aber nicht *darüber*.

Der Hauskreis begann mit ein paar einfachen Lobpreisliedern. Mein Körper war zum größten Teil mit einem feinen Schweißfilm überzogen. Ich kann nicht sagen, ob das an den vierzig Mündern lag, die ständig ihren heißen Atem in den Raum bliesen, oder weil ich wusste, was nach dem Lobpreis folgen würde.

Das letzte Lied endete und meine Freundin machte eine kurze Einleitung für mich. Da sich viel zu viele Leute auf dem Teppich „stapelten", war mir der Weg verbaut, um mich schnell aus dem Staub machen zu können. So lehnte ich mich in meinem Sessel nach vorne und ergab mich in mein Schicksal.

Ich fing mit dem Einfachen an, der Aussage, die ich bereits tausendmal vorher gemacht hatte: „Ich sehe Engel und Dämonen, solange ich mich zurückerinnern kann. Ich sehe sie so klar, wie ich euch alle sehe. Ich kann sie fokussieren, wann immer es notwendig ist."

Nachdem ich nun die einfachen Tatsachen ausgesprochen hatte, gab es nicht mehr viel mitzuteilen, abgesehen von dem, wovor ich Angst hatte. Zu diesem Zeitpunkt kannten nicht mehr als drei Leute meine Lebensgeschichte, und die meisten von ihnen nur Bruchstücke davon. Es war nun das erste Mal, dass ich meine Geschichte als Gesamtes erzählte.

***

Als Kind war mir nicht bewusst, dass ich „im Geist sah". Ich weiß noch, dass ich Lichter und Farben durch die Luft schwirren sah, wenn wir sonntags in der Kirche waren. Und ich kann mich auch daran erinnern, dass ab und zu eine geflügelte, schattenhafte Kreatur über mein südkalifornisches Stadtviertel hinwegflog. Für mich war dies allerdings nicht fantastischer oder ungewöhnlicher als ein tieffliegendes Flugzeug oder ein Hund, der die Straße entlanglief. Ich versuchte, meine Eltern auf diese seltsamen Begebenheiten hinzuweisen, indem ich darauf bestand, gesehen zu haben, wie ein Dinosaurier über unser Haus geflogen war, oder dass ein Mann mit Licht auf die Zimmerdecke gemalt hatte. Sie zollten dem wenig Aufmerksamkeit und dachten, ich hätte halt eine blühende Fantasie. Ich selbst machte mir noch weniger aus ihrem Desinteresse. Anscheinend waren ihnen die finsteren

Monster und wunderschönen Lichter egal, so wie sie sich auch nicht um die Bäume und Häuser und Geldautomaten kümmerten, die ich als Junge so faszinierend fand. Ich hatte keinen Grund zu glauben, irgendetwas sei nicht normal.

Meine Eltern kannten Gott. Sie hatten ihn kurz nach meiner Geburt kennengelernt und folgten ihm seitdem leidenschaftlich. Die Kirche, die wir besuchten, glaubte nicht daran, dass die Geistesgaben heute noch wirksam sind, weshalb meine Eltern keine Veranlassung hatten zu erwarten, dass ich etwa eine dieser besagten Gaben hätte. Sie waren jedoch entschlossen, Gott von ganzem Herzen zu folgen. Deshalb ging mein Vater zur Bibelschule und meine Mutter träumte von einem Leben als Missionarin. Als ich fünf war, zogen wir nach Russland.

Unsere Gemeinde in Kalifornien und die Bibelschule meines Vaters hatten uns nichts über die Gegenwart des Heiligen Geistes beigebracht und trotzdem goss er sich in Moskau aus. Leute bebten, weinten, lachten, fielen, standen mit erhobenen Armen, tanzten, sangen, schrien, rannten und wurden in der Gegenwart Gottes geheilt. Ich liebte es, diese Gottesdienste zu beobachten; Lichter in allen Farben streiften während des Lobpreises über die Decken. Wunderschöne Frauen mit Gewändern aus Licht und Farbe liefen mit riesigen Flaggen, die fünfzehn Meter hinter ihnen her flatterten, auf den Rückenlehnen der Sitze entlang. Wellen von kristallklarem Wasser, Öl sowie Blitze strömten bzw. zuckten durch den Saal und füllten die Lungen und Augen der Versammelten mit Wärme.

Die Gegenwart Gottes zieht ja sowohl die Hungrigen als auch die Verletzten an. Von dämonischen Stimmen gequälte Leute brüllten auf und wanden sich auf dem Boden, während andere in unnatürlichen Tönen kreischten. Ich weiß noch, dass ich Menschen sah, denen Schuppen am Hals wuchsen und deren Augen blutrot waren. Schwarzer Ruß und Rauch quoll aus denen hervor, die sich der Bühne näherten, um Befreiung zu suchen. In die Rücken anderer, die nicht den Mut aufbringen konnten, nach vorne zu gehen, hatten sich dunkle Hände mit Klauenfingern gegraben.

Es war damals eine aufregende Zeit in Russland. Einmal inszenierten kommunistische Hardliner mit Unterstützung einer Menge Soldaten und Panzer einen Putsch vor dem russischen Regierungssitz. Gleichzeitig lernten Bürger Freiheiten auszuüben, die seit Generationen unterdrückt worden waren. Doch nichts davon bedeutete einem Fünfjährigen wirklich etwas, außer der Möglichkeit, einen Panzer die Straße entlangfahren zu sehen. Aber ich erinnere mich noch daran, dass ich die Folgen dieser Turbulenzen in die Gesichter der Leute geschrieben sah, wenn wir ihnen dienten.

Mir fiel auf, dass viele Russen in unserer Kirche offene Wunden um den Hals und die Handgelenke hatten. Ich glaube, dass dies die Male der Fesseln waren, welche ihnen die repressive Regierung angelegt hatte. Sicherlich hatte sie viele Menschen verletzt, aber nun waren die Fesseln verschwunden. Als ich klein war, verstand ich das nicht – zumindest nicht im politischen Sinn – aber ich glaube, dass ein Teil von mir die neue Freiheit verstand, die diese Leute erlebten. Und daraus erwuchs in mir eine große Zuneigung zum russischen Volk.

Wir dienten dreieinhalb Jahre in Russland und verließen das Land erst, nachdem wir meine jüngste Schwester, die in einem Waisenhaus außerhalb Moskaus gelebt hatte, adoptiert hatten. Die russische Gesetzgebung in Bezug auf eine Adoption durch Ausländer war in dieser Zeit noch unklar, weshalb es vernünftig erschien, das Land zu verlassen.

***

Als Kind hatte ich keine Kontrolle über das, was ich sah. Lichtströme und rauchige Schatten huschten in meinen Blick und wieder hinaus, ungebeten und ohne offensichtlichen Sinn. Heute kann ich im Geist sehen, wann immer ich es will.

Bevor wir tiefer in meine Lebensgeschichte einsteigen, möchte ich gerne einige Begriffe definieren. Ich betrachte meine Denkweise über das Sehen im Geist nicht als die beste oder einzige; es ist lediglich die Art und Weise, in der ich persönlich die Erfahrungen ordne, mit denen mein Leben Tag für Tag durchsetzt ist. Mit den nun folgenden Begriffen will ich weniger die Aspekte der geistlichen Welt definieren, als dir helfen zu verstehen, wovon ich überhaupt rede.

Die drei Dimensionen

Ich glaube, dass es drei Bereiche oder Dimensionen der Existenz gibt. Die einen nennen das den ersten, zweiten und dritten Himmel, während andere es in die physische, seelische und geistliche Dimension unterteilen. Ich bin sicher, dass es noch andere ausgefallene Bezeichnungen für diese Vorstellungen gibt, aber ich persönlich werde von ihnen als der physischen, seelischen und geistlichen Dimension sprechen, weil das den Zielen, die ich mit diesem Buch verfolge, am ehesten entspricht.

Mit der physischen Dimension solltest du wohl am vertrautesten sein. Das ist die, welche voll mit all den Bäumen, Autos, Gebäuden, Mountainbikes und Belugawalen ist – die, in der dein physischer Körper genau in diesem Moment existiert. Hier nimmst du dein Essen zu dir, schwimmst im Ozean, machst Popkorn in der Mikrowelle und schneidest dir mit einem ungeschickt benutzten Messer in den Finger. Dein Leben ist praktisch die physische Manifestation deiner Seele und deines Geistes. Es ist ein verschwommenes, aber wahres Spiegelbild der beiden anderen Dimensionen.

In der seelischen Dimension befinden sich dein Denken, dein Wille und deine Gefühle. Deshalb ist sie der perfekte Ort, an dem dich Dämonen beeinflussen können, aber auch einer der Orte, an denen der Heilige Geist zu dir sprechen wird. Alle deine Entscheidungen triffst du hier, denn alle Erfahrungen, die du in der physischen Dimension machst und auch die Einflüsse der geistlichen Dimension durchqueren dieses turbulente Gebiet.

Die geistliche Dimension ist für mich, ehrlich gesagt, nur eine abstrakte Vorstellung. Ich glaube, dass dort Gott ist. Natürlich ist Gott allgegenwärtig (was bedeutet, dass er einfach überall ist), aber ich glaube, dass er in der geistlichen Dimension lebt.

Eines Tages fragte ich Gott, was eigentlich ein Geist sei. Er antwortete, ein Geist sei „die eigentliche Identität", der genetische Code, der das Sein von allem bestimmt. Dein Geist existiert außerhalb der Zeit und ist alles, was du jemals sein wirst. Fakt ist, dass alles, was du bist, so einzigartig und komplex ist, dass es nur im Laufe deines gesamten Lebens vollständig zum Ausdruck kommen kann. Wahrscheinlich siehst du dich heute als eine andere Person als noch vor fünf, zehn oder fünfzig Jahren. Aber dein Geist ist all das, alles auf einmal, und auch alles, was du jemals sein wirst. Dein Leben ist ein Ausdruck des Geistes, den Gott geschaffen hat. Es ist sicherlich nicht perfekt, aber zu wissen, dass der ursprüngliche Plan jederzeit zur Verfügung steht, überzeugt mich davon, dass es ganz sicher vollkommen sein könnte.

Was bedeutet „Sehen im Geist"?

Dein physischer Körper existiert also in der physischen Dimension (falls du dies bisher noch nicht aus dem Zusammenhang ableiten konntest). Die Leute erkennen dich aufgrund deines physischen Aussehens, so wie du sie an ihrem erkennst. Während jeder von uns ein Geist mit einer Seele ist, der in einem Körper wohnt, ist ein Engel ein Geist, der nicht durch eine physische Form begrenzt ist. Sehe ich Engel, dann ist dies eine visuelle Darstellung dessen, was und wer sie sind.

Zum Beispiel steht genau jetzt, während ich in meinem Wohnzimmer sitze und auf meinem Laptop herumtippe, ein großer Engel in der Nähe der Haustür. Er reicht bis knapp unter die Decke, hat dunkelbraune, sorgfältig auf eine Seite gekämmte Haare und einen strengen Blick, der mein Interesse an ihm scheinbar völlig ignoriert. Er ist groß und schlank, trägt eine Lederrüstung, in der er sich gut bewegen kann, und hält einen Speer in seiner rechten Hand, der ebenso lang und gerade ist, wie er selbst.

Dies ist ein Schutzengel, der hier ist, um mein Haus zu bewachen. Er sieht so aus, weil dies seinem Auftrag entspricht. Da Engel Geister sind, die nicht durch eine physische Form begrenzt sind, und weil ein Geist pure Identität ist, sehe ich ein visuelles Abbild dessen, wer dieser Engel tatsächlich ist.

Früher sagte ich immer: Wenn du etwas im Geist siehst, dann verstehst du es. Aber eigentlich war das nicht die ganze Wahrheit, denn vieles von dem, was ich sehe, ist schleierhaft und verwirrend. Eine zutreffendere Aussage wäre: „Du *erkennst,* was du im Geist siehst." Obwohl man es vielleicht nicht vollkommen versteht, ist da etwas Vertrautes. Vielleicht ist das deswegen so, weil wir jede Minute eines jeden Tages in der geistlichen Dimension existieren, obwohl wir unsere Aufmerksamkeit größtenteils der physischen Dimension widmen.

***

Abgesehen von den seltsamen Blicken, die ich erhielt, wenn ich auf Dinge hinwies, die sonst niemand sah, hatte ich nie einen Grund zu glauben, dass irgendetwas unnormal wäre. Ich mochte die hellen Lichter und herrlichen Wesen, die in unserem Haus und unserer Kirche zugange waren. Wenn dämonische Wesen sich an unserer Autoscheibe festkrallen wollten oder hinter den Augen von seelisch verletzten Menschen hervorstarrten, spürte ich nie wirklich eine reale Gefahr. Es war, als würde ich die geistliche Welt durch eine dicke Lage kugelsicheren Glases betrachten. Jeder Dämon, den ich sah, war nicht bedrohlicher als ein Löwe im Käfig eines Zoo. Aber das alles veränderte sich, als ich neun wurde.

Nach vier Jahren als Missionare, fanden meine Eltern, es sei Zeit, wieder nach Hause zu gehen. Aber anstatt an die sonnige Küste Südkaliforniens zurückzukehren, zogen wir in das Städtchen Holland in Michigan. Es war für eine Familie, die eine Ruhepause benötigte, der perfekte idyllische und ruhige Ort. Wir zogen in ein kleines Haus in der Church Street, und ich begann mein erstes Schuljahr in einer amerikanischen Schule.

Ich erinnere mich deutlich daran, wie ich in der ersten Pause der vierten Klasse auf den Spielplatz ging. Als ich das Areal überschaute, das voll mit meinen Schulkameraden war, freute ich mich auf ein Leben unter hundert Kindern, die genauso waren wie ich. Angesichts der Aussicht, ein so normales Leben zu führen wie jedes von ihnen, stieß ich einen Seufzer der Zufriedenheit aus und rannte los, um mit anderen Kindern zu spielen. Ich achtete dabei nicht auf die etwa ein Dutzend Männer mit Flügeln und goldenen Speeren, die über das Schulareal flogen.

Ich weiß nicht, ob es daran lag, dass ich mich nun unter Gleichaltrigen befand, mit welchen ich mich in meiner Muttersprache unterhalten konnte, oder einfach nur, weil ich älter wurde, aber bald merkte ich, dass irgendetwas nicht stimmte. Es passierte langsam. Obwohl ich es bereits ein dutzend Mal gesehen hatte, erschien es mir auf einmal merkwürdig, dass meine Lehrerin mit tiefen Schnitten im Gesicht in unsere Klasse kam. Ich stellte auch fest, dass keiner über die stoischen Gestalten sprach, die Tag und Nacht am Schuleingang Wache hielten. Ja, es gab auch niemand, der einen der Männer erwähnte, welche die Häuser bestimmter Leute bewachten, oder die hübsche Frau bemerkte, die in den Fluren der Schule auf und ab ging und auf alle Köpfe, an denen sie vorbeikam, Blumen streute und Öl goss. Nicht einmal der schwarze Hund, so groß wie ein Haus, der über der Stadt schwebte, fiel außer mir irgendjemandem auf. Noch bevor ich verstand, was eigentlich los war, verwandelte sich meine Welt.

Eines Abends lag ich in meinem Bett und war am Einschlafen. Meine Tür war gerade so weit offen, dass ein schmaler Lichtstreifen auf den Teppich fiel. Ich beobachtete, wie das Licht flackerte, wenn meine Eltern im Flur hin und her gingen. Gerade als mich der Schlaf übermannen wollte, blieb jemand in der Türöffnung stehen. Ich dachte, es sei meine Mutter, die nachsah, ob ich schliefe, und sah deshalb zur Tür hin, um mich dessen zu vergewissern.

Ein Schatten, dünner als Nebel, aber dichter als Luft, glitt durch den Türspalt. Ich sah die vage Gestalt eines Mannes, kaum mehr als ein Kopf auf einem Paar undeutlicher Schultern. Er bewegte sich durch den Raum und hielt am Fuß meines Bettes an.

Ich hatte schon dunkle Wesen gesehen, die beängstigender aussahen als dieser Schatten – fahle Biester mit scharfen Zähnen und gelben Augen, auch schleimige Schreckgestalten mit gebrochenen Knochen, die aus ihrem verwesenden Fleisch ragten. Aber da war immer eine gewisse Distanz gewesen, wenn ich mich in der Gegenwart solcher Kreaturen befunden hatte. Ihre hasserfüllten Blicke und knirschenden Zähne waren mir wie auf dem Fernsehbildschirm erschienen – unheimlich, aber sicherlich nichts, was mich wirklich hätte berühren können.

Als nun aber dieser Schatten das Fußende meines Bettes erreichte, blitzten seine Augen auf – weiße Flecken, die irgendwo in diesem Kopf herumdrifteten – und ich spürte Angst.

Es war nicht die Angst vor irgendetwas Bestimmtem – dass ich sterben würde oder dass er mich verletzen könnte. Ich war einfach umgeben und erfüllt von absoluter und völliger Angst. Mein Körper erstarrte. Mein Blick haftete an diesen leeren, weißen Augen. Die Angst hatte keinen Fokus, keinen Gedanken, mit dem sie mich hätte quälen können. Sie war so kalt und allumfassend, dass ich an nichts anderes denken konnte als an diesen absoluten Schrecken. Ich hatte das Gefühl, als seien kräftige Lederriemen um meine Brust geschlungen worden, die mich sowohl festhielten als auch meine Lungen zerquetschten. Ich weiß nicht, wie lange ich so festsaß – irgendwo zwischen zehn Sekunden und drei Stunden. Schließlich gelang es mir, mich umzudrehen und einzuschlafen, das Gesicht in mein Kissen gepresst. Als ich am folgenden Morgen aufwachte, war der Schatten weg.

Für den Rest des Tages schien alles normal zu sein. Um Stadt und Schule herum sah ich die bekannten Dämonen, die ich auch schon die Tage zuvor gesehen hatte; und ich hatte keinerlei Angst vor ihnen. Das kugelsichere Glas, das mir dieses Sicherheitsgefühl vermittelte, war wieder da. Ich kam zu dem Schluss, dass die Widerwärtigkeiten der vergangenen Nacht wohl lediglich ein ungewöhnlich real wirkender Alptraum gewesen waren und nicht mehr – bis dann der Abend kam und ich den Schatten am Fußende meines Bettes wartend fand. Meine Mutter deckte mich zu und gab mir einen Gutenachtkuss, aber ich beachtete sie kaum, da ich zu sehr damit beschäftigt war, in diese kalten, weißen Augen zu starren. In dem Moment, als sie den Raum verließ, blitzten die Augen auf und ich versank erneut in diesen absoluten Schrecken. Erst nach einer halben Stunde schaffte ich es, mich umzudrehen und einzuschlafen.

Da ich ein schlaues Köpfchen war, zog ich in der dritten Nacht fix meinen Schlafanzug an und legte mich mit dem Gesicht nach unten auf mein Kissen, ohne in die weißen Augen zu schauen. Wenn es nur so einfach gewesen wäre! Die Angst kam wieder, diesmal als kalter, feuchter Atem, der meine Beine und meine Wirbelsäule hinaufkroch und sich dann um meinen Hals legte und mich erneut lähmte. Diesmal wischte sie allerdings nicht alle Gedanken aus, sondern flutete meinen Kopf stattdessen mit Horrorbildern.

Ich sah hunderte von Menschen nackt in einer Reihe stehen und darauf warten, durch die menschlich abscheulichsten Gräuel gefoltert zu werden. Ein kleiner Junge wurde in eine Grube voller toter oder sterbender Männer, Frauen und Kinder geworfen, die alle verzweifelt dagegen ankämpften, von den vielen schmutzigen Körpern erstickt zu werden. Es war, als würde mir das Filmmaterial eines höllischen Konzentrationslagers gezeigt. Das ging einige Nächte lang so weiter. Der Film stoppte immer erst, wenn es mir gelang einzuschlafen. Schließlich konnte ich es nicht mehr ertragen. Ich schälte mein Gesicht aus dem Kissen, um einen Blick auf meinen finsteren Folterer zu werfen, jedoch nur um zu entdecken, dass die Bilder aus meinem Verstand nun in voller 3-D-Farbtechnik in meinem Zimmer herumschwirrten.

Von da an dekorierte jede Nacht eine Reihe neuer Horrorvisionen mein Schlafzimmer. Mehr verdrehte und üble Bilder, als mein neun Jahre alter Verstand hätte konstruieren oder auch nur begreifen können, erschienen mit zunehmender Heftigkeit. Szenen von Tod, Folter und gewalttätiger sexueller Verderbtheit spielten sich auf dem Boden, den Wänden und der Decke meines Zimmers ab wie ein grausames Ballett. Am Anfang war ich so entsetzt, dass ich nicht wegschauen konnte. Doch nach ein paar Wochen wollte ich nur noch meine Augen schließen. Aber selbst dann krochen die Visionen einfach unter meine Lider und ich sah sie auch noch mit geschlossenen Augen.

Als nächste Maßnahme begann ich, zur Schlafenszeit Anbetungsmusik abzuspielen – Kassetten von Amy Grant, wenn ich mich recht erinnere. Es half zwar, die Qual meiner nächtlichen

Schrecken zu dämpfen, aber viel mehr auch nicht. Nach ein oder zwei Wochen funktionierte der Kassettenrecorder nachts nicht mehr, obwohl er tagsüber einwandfrei lief. Die sanften Töne lösten sich innerhalb kürzester Zeit in undeutliches Rauschen auf, nur Minuten nachdem ich meinen Kopf auf das Kissen gelegt hatte. Eines Nachts entschwand die Musik fast augenblicklich, und nach einer Minute Rauschen spielte sich ein neues Lied ab. Es war der grausliche Lärm einer ungestimmten Violine, auf der eine mörderische Melodie gekratzt wurde. Sie jagte mir eiskalte Schauer über den Rücken. Ich sprang aus dem Bett und riss den Stecker aus der Wand, aber die Musik hielt noch weitere fünf Minuten an.

Dieser Horror spielte sich drei Jahre lang Nacht für Nacht ab. Jede Nacht erschien mir schrecklicher als die letzte. Manchmal waren meine Wände dick mit verwesendem Fleisch bedeckt, auf dem alle Arten vielbeiniger Kriechtiere herumkrabbelten, und manchmal wurde ich einfach Zeuge davon, wie ein dämonisches Wesen sich ständig selbst in Stücke zerriss und sich danach auf abwegige Weise wieder zusammensetzte, nur um sich gleich wieder auseinanderzunehmen. Oft sah ich diverse Paare langer und sehniger Hände, die unter meinem Bett hervorlangten. Sie griffen an verschiedenen Stellen nach meinem Bettzeug und suchten nach etwas, wo sie ihre rissigen Krallen hineingraben konnten. Jede Nacht sah ich neue Schrecken.

Tagsüber wurde alles wieder normal: Ich sah Engel und Dämonen, wo ich auch hinging, aber dieses Gefühl, davon getrennt zu sein, schützte mich von jeder Furcht, zumindest bis die Sonne unterging. Wenn es Schlafenszeit war, kroch mir die Panik in die Brust. Kalter Schweiß bedeckte Rücken und Arme, wenn ich unter die Decke schlüpfte. Jede Zelle meines Körpers wollte der sich nähernden Furcht entfliehen, wie Millionen krabbelnder Mäuse, die in einem sinkenden Schiff in der Falle saßen. Ich war mir sicher, dass ich gerade dabei war, verrückt zu werden. Dass mir allerdings die Gefahr meines Wahnsinns bewusst war, tröstete mich etwas, da es bewies, dass ich nicht völlig verrückt sein konnte.

Natürlich begannen meine Eltern zu ahnen, dass irgendetwas nicht stimmte. Ich erkannte jedoch, dass dieses Füllhorn an Bosheit, welches jede Nacht in mein Zimmer ausgeschüttet wurde, kein sicheres Zeichen für Vernunft war, weswegen ich meinen Eltern niemals das ganze Ausmaß meines nächtlichen Horrors schilderte. Ich erzählte ihnen nur, dass ich nachts Angst hatte, und sie taten alles, was man von guten, christlichen Eltern erwarten würde. Sie beteten mit mir und sagten mir, was ich beten solle. Und sie ließen meine Schwester auf der Couch in meinem Zimmer schlafen. Aber egal, was ich betete, nichts änderte sich. Den Namen Jesu auszusprechen, fühlte sich an, als würde man Sand in einen Hurrikan werfen. Und „Gott gab mir keinen Geist der Furcht" zu singen, brachte die Dämonen lediglich zum Lachen.

Dass irgendwann meine Schwester Bree auf der Couch neben meinem Bett schlief, half ein wenig, aber nur, weil ich mir die Engel betrachten konnte, die sich um sie herum drängten, während sie schlief. Gelegentlich schlich ich mich in das Schlafzimmer meiner Eltern und kroch dort halb unter das Bett, um dem zu entkommen, was in meinem Zimmer ablief. Doch alles, was ich versuchte, funktionierte immer nur für kurze Zeit. Nichts hielt die Schreckensflut auf, die mich wirklich jede Nacht überschwemmte.

***

Nach dreieinhalb Jahren in Michigan fanden meine Eltern, es sei an der Zeit, nach Kalifornien zurückzukehren, um näher beim Rest der Familie zu wohnen. Ein Teil meines Herzens glaubte – aus Gründen, die ich nicht erklären kann –, dass dieser Umzug eine Veränderung aus der unentrinnbaren Angstspirale bringen würde, in der ich seit drei Jahren gefangen war. Diese Hoffnung, so vage sie auch war, dämpfte die Qual meiner Visionen. Und obwohl sich in den Wochen vor unserer Abreise einige der schlimmsten nächtlichen Gräuel abspielten, spürte ich doch ein Licht am Ende meines Tunnels.

KAPITEL 2

Dämonen und dergleichen

Es ist ein Dienstagabend und so heiß und schwül, wie es im Staat Georgia häufig der Fall ist. Ich sitze in einem schokobraunen Wildledersessel, den offensichtlich jemand ausgesucht hat, der mehr Wert auf kuriosen Charme als auf Bequemlichkeit legt. Der Duft gerösteter Kaffeebohnen passt gut zu dem leisen europäischen Jazz, der nur vom gelegentlichen scharfen Zischen des Dampfes aus dem Kaffeeautomaten unterbrochen wird.

Eine junge Frau mit langen, welligen braunen Haaren sitzt an einem Tisch mir schräg gegenüber. Wie sie hier mit ihrem Laptop für sich alleine im Café sitzt, ist sie eine typische Vertreterin der Frauen Anfang zwanzig. Ein Dämon pirscht sich von hinten an sie heran – ein schniefendes, jämmerlich aussehendes Ding mit knochigen Gliedern und einer leblosen, grauen Haut. Er hat eine menschenähnliche Gestalt, ist aber nicht größer als eine Katze. Seinem Gesicht fehlt die Nase und er hat feuchte Hände.

Er beginnt seinen Aufstieg am Fuß des Stuhles. Der Blick in sein Gesicht zeigt die befremdliche Perversion eines Zweijährigen, der einen zögerlichen Schritt Richtung offene Keksdose macht. Die junge Frau reagiert nicht, als der Dämon eine Hand auf ihr Bein legt. Als ob dies ein Signal zum Weitermachen sei, macht er einen Satz auf die Rückenlehne des Stuhls und grabscht sich mit zupfenden Fingern ein paar von ihren Haarsträhnen in seine öligen Hände.

Nun reagiert die junge Frau – ob sie es merkt oder nicht – reicht nach hinten und lässt ihre Finger über die Stelle gleiten, wohin der Dämon gegriffen hat. Das schwarze Öl von der Hand des Dämons, das in ihrem dunklen Haar fast unsichtbar gewesen war, bedeckt nun allzu deutlich ihre ansonsten sauberen Finger.

Ein frustrierter Blick durchquert ihr Gesicht. Sie zwickt sich mit beschmutzten Fingern in den Nasenrücken und streift sich dann damit über die Wange, überall diese Schmiere hinterlassend. Es ist eher subtil, aber ich sehe, wie ihr Gesichtsausdruck innerhalb kürzester Zeit von Frustration zu Traurigkeit wechselt. Der Dämon sieht das noch besser als ich und ergreift die Gelegenheit, näher zu kommen und ihr etwas ins Ohr zu flüstern. Ich kann weder hören, was er sagt, noch es von seinem lippenlosen Mund ablesen, aber ich weiß es: „Du bist nicht gut genug. Niemand liebt dich. Du bist es nicht wert. So geschieht es dir immer." Er erzählt ihr die gleichen Anklagen, wie sie täglich auf unsere Gedanken einstürmen.

Glücklicherweise lässt sich die junge Frau davon nicht beirren. Sie schüttelt die Traurigkeit so schnell ab, wie sie gekommen ist. Mit einem tiefen Atemzug strafft sie ihre Schultern, sodass der Dämon von der Rückenlehne des Stuhls purzelt. Mit verschränkten Armen und einem beleidigten Blick macht er sich davon. Ich bin froh, dass sie die Lügen abgeschüttelt hat. Allerdings sind diese Schmutzflecken immer noch in ihrem Gesicht. Sie bleiben vermutlich, bis sie sich dafür entscheidet, dass sie dort nicht hingehören.

Kinofilme, übereifrige Prediger und ein unterentwickelter Sinn für unsere Identität in Christus haben viele Missverständnisse über Dämonen verursacht. Einige Leute denken, die Welt sei vollgestopft mit bösen Mächten in Angriffsstellung, jederzeit bereit, sich auf dich zu stürzen, sobald du ein Heavy-Metal-Album in die Hand nimmst oder in einen Horrorfilm gehst. Andere glauben, dass eine gesunde Mischung aus guten Taten und zähnebeißendem Widerstand gegen die Versuchungen des Fleisches und der Augen das Einzige ist, was die Lawine der Finsternis aufhalten kann, die auf uns einströmen will.

In Wahrheit werden Dämonen mehr von dem angezogen, was du denkst, als von dem, was du tust. Aber zu wissen, wer du in Christus bist, sodass dies dein Denken bestimmt, ist die noch tiefere Wahrheit. Der einzige Weg zu erkennen, wer du in Christus bist, ist zu wissen, was *er* über dich denkt. Wenn du also weißt, was Gott über dich zu sagen hat, erscheinen dir die Lügen des Feindes auf einmal total dämlich. Das ist eigentlich schon das Wichtigste, was du über den Umgang mit Dämonen wissen musst.

Die junge Frau im Café hat nichts falsch gemacht. Vielleicht hat eine Facebook-Bekanntschaft etwas Schlechtes über sie gesagt. Oder sie war über eine Hausaufgabe frustriert. Kann auch sein, dass sie nur einen schwierigen Tag hinter sich hatte. Was auch immer die Ursache war: Der Dämon wurde nicht deshalb von ihrer Not angezogen, weil er sie zu einer Sünde verleiten wollte. Vielmehr wollte er den Moment als Gelegenheit für seine Anklagen nutzen.

Die dämonische Welt versucht stets, uns unsere Fehler vorzuhalten – als Beweis, dass wir als Kinder Gottes versagt haben. Das ist paradox, denn Jesus kam und starb doch, damit unsere Unzulänglichkeiten uns nicht mehr länger von ihm trennen können. Ich glaube, dass er uns deshalb in 1. Korinther 1,14 auffordert, nach der Gabe der Prophetie zu streben. Wenn du weißt, was Gott über dich sagt und denkt, dann ist es dir egal, was irgendjemand oder irgendetwas über dich zu sagen hat.

***

Ich war zwölf, als wir wieder nach Kalifornien zogen. Die Gemeinde, die wir in Michigan besucht hatten, glaubte zwar an die Gaben des Geistes, tat aber sehr wenig, um sie in den einzelnen Mitgliedern zu aktivieren. Gewöhnlich stand in einem ruhigen Moment des Lobpreises jemand auf, gab ein paar wenige „geistlich" wirkende Sätze von sich und setzte sich dann wieder, sodass man mit dem Lobpreis fortfahren konnte. Das war es, was ich unter „Prophetie" verstand.

Die Gemeinde hingegen, die wir in Kalifornien besuchten, hatte eine ganz andere Herangehensweise. Dort wurde das Prophetische gelehrt und gelernt, praktiziert und vervollkommnet.

Es wurde nicht als irgendetwas Bizarres angesehen, das sich launisch und in willkürlichen Abständen erhebt, sondern war der Ausdruck einer echten Beziehung zu einem lebendigen Gott.

Es dauerte nicht lange, bis meine wahrhaft prophetische Mutter mich in die prophetischen Treffen mitschleppte, die in unserer neuen Gemeinde abgehalten wurden. Nachdem ich wenige Wochen der Akklimatisation in dieser neuen Kultur verbracht hatte, wurde mir klar, dass meine nächtlichen Vorführungen kein Zeichen dafür waren, dass ich langsam verrückt wurde, sondern zeigte nur meine Verwirrung, weil ich mir meiner Gabe nicht bewusst war.

Zwar sah keiner in dieser Gemeinde die Dinge auf die gleiche Weise wie ich, aber nun war ich unter Menschen, die darauf aus waren, Gottes Stimme besser zu verstehen. Mir wurde klar, dass das Prophetische, so wie sie es beschrieben, unabdingbar mit dem verknüpft war, was ich sah. Das erklärte zwar nicht, warum ich jede Nacht diese schrecklichen offenen Visionen hatte, aber zumindest stellte es einen gewissen Kontext dafür her. Dies gab mir den Mut, meinen Eltern und den prophetischen Leitern mitzuteilen, wie heftig meine nächtlichen Erfahrungen waren.

Zu meinem Erstaunen bewirkte diese neue Offenheit ein fast komplettes Ende meiner abendlichen Attacken. Ich erkannte, dass diese nächtlichen Grauen nicht *mit* mir geschahen, sondern dass meine Gabe ein Werkzeug war, mit dem ich noch umzugehen lernen musste – so wie ein Neueinsteiger bei der Feuerwehr es lernen muss, den Kampf mit dem wildgewordenen Löschschlauch zu gewinnen. Ich begann damit, meine Ohren auf die Stimme Gottes einzustellen, was mich dazu ausrüstete, den Attacken zu widerstehen.

Nachdem ich diese Entdeckung gemacht hatte, dauerte es nur noch eine einzige Woche, bis die dämonischen Visionen komplett aufhörten – und in dieser letzten Woche verloren sie auch ihren Stachel. Was eine überwältigende und verrückte Show bösartigen Terrors gewesen war, machte mir nun in etwa so viel Angst wie die Marionetten einer alten Halloween-Dekoration.

Ich glaube, dass das Beten und das Aussprechen des Namens Jesu, so wie ich es vor dieser Offenbarung getan hatte, deshalb so ineffektiv gegen meine dämonischen Angreifer gewesen war, weil ich es nur aus einem Ritual heraus, aber ohne Autorität getan hatte. Ich hatte nur deshalb „Verschwinde in Jesu Namen" gesagt und „Gott gab mir nicht einen Geist der Furcht" gesungen, weil meine Sonntagsschullehrer und meine Eltern es mir empfohlen hatten.

Ich tat es eher wie die Söhne Skevas aus Apostelgeschichte 19, weil ich *gehört* hatte, dass die Worte kraftvoll seien, ohne zu wissen, was sie wirklich bedeuteten. Ich hatte Christus bereits im Alter von drei Jahren in mein Herz aufgenommen, jedoch niemals eine echte, lebendige Beziehung zu ihm gehabt. Aber nun hatte ich in unserer Gemeinde in Südkalifornien Menschen um mich herum, welche die Stimme Gottes hörten, und das machte es einfach für mich, seine wahre Güte zu *erfahren* und eine wirkliche persönliche Beziehung mit ihm zu beginnen.

Zu wissen, was Gott darüber sagt, wer du bist, ist genauso wichtig, wie zu wissen, wer Gott ist. Gott als den allmächtigen Mann im Himmel zu sehen mit einem leuchtenden Blitz in jeder Hand und einem weißen Bart, der ihm bis zu den Zehen reicht, ist schön und gut, aber das wird dir rein gar nichts nützen, wenn du nicht weißt, was er über dich denkt. Mein ganzes Leben lang hatte ich eine Kirche besucht. Ich hatte tausendundein Mal und auf jede erdenkliche Art gehört, dass Gott mich liebt und ich sein Kind bin. Aber ich kapierte nicht, was das wirklich *bedeutete,* bis ich erkannte, dass Gott täglich zu mir sprechen wollte.

Zum ersten Mal erlebte ich, wie es sich anfühlte, ein Kind Gottes zu sein. Ich erfasste nur einen kleinen Teil dieser kolossalen Wahrheit, aber selbst dieser verwandelte die Art, wie ich mein Leben anging, vollkommen. Jesus starb, um dir die Möglichkeit zu geben, ein Miterbe zu sein. Wenn du mir nicht glaubst, lies Galater 4 – die ersten sieben Verse legen es dir sehr schön dar! Unser Christenleben soll ein Ausdruck dieser wunderbaren Wahrheit sein.

***

Vielleicht denkst du jetzt: „Moment mal! Die Überschrift dieses Teils des Buches enthielt doch das Wort *Dämonen!* Warum redest du dann so viel darüber, dass ich ein Kind Gottes bin?" Aber ich nähere mich dem Thema bewusst aus diesem Blickwinkel, denn wenn du das Dämonische nicht aus der Perspektive des Himmels sehen kannst, wirst du dich nur selbst durcheinanderbringen und deine Zeit verschwenden. Wenn du nicht weißt, wer du in Christus bist und dass du an einen himmlischen Ort versetzt wurdest (Eph 2,1-7), dann wirst du nur ein kleiner Junge sein, der nachts unter seiner Decke schlottert. Aber wenn du weißt, was Jesus durch sein Opfer für dich erworben hat und wenn dir nur ein wenig von dem klar ist, was Gott über dich denkt, dann hast du die Antwort für jedes Problem, das deinen Pfad kreuzt.

Die persönliche Ebene

Dämonen mögen dich nicht! Jeder Dämon, dem du in den Blick gerätst, wird alles in seiner Macht Stehende tun, um dich zu bestehlen, zu töten und alles Gute in deinem Leben zu zerstören. Das Schöne ist, dass dies meistens keine große Sache ist.

Es ist eine Tatsache, dass die Welt voller fieser und widerwärtiger Keime ist, die nichts anderes im Sinn haben, als deinen Körper zu infizieren, dich zu töten und dich zum Abendessen zu verspeisen. Du bist nur deshalb noch nicht in den Mägen von Billionen Bakterien verschwunden, weil dein Körper gut darin ist, diese Millionen täglicher Attacken auf dein Leben abzuwehren, ohne dass du es überhaupt bemerkst. Mit deinem Geist ist es weitgehend dasselbe.

Es wäre eine riesige Zeitverschwendung, mit einer Flasche Desinfektionsmittel in jeder Hand durchs Leben zu gehen und jede Fläche in deiner Nähe einzusprühen, aus Angst, dass so ein ekliger, kleiner Keim deine desinfektionsmittelgetränkte Haut durchdringen könnte. Genauso groß wäre die Zeitverschwendung, durch das Leben zu gehen und dabei jede dunkle Ecke zu meiden und dich vor jedem Straßenmusikanten zu verstecken, aus Angst, welche dämonischen Kräfte da wohl wieder am Werk sind. In den meisten Fällen ist dein Geist äußerst geschickt darin, die Attacken abzuwehren, ohne dass du davon etwas mitbekommst.

Dann und wann, meist wenn du nicht genug geschlafen hast oder auf der Arbeit zu viel Stress hattest, schleicht sich einer dieser Keime ein und macht dich krank. Gesundheit ist der natürliche Status des menschlichen Körpers, Krankheit ist die Ausnahme. Gesundheit ist auch der natürliche Status des menschlichen Geistes.

Wenn du jetzt dein Immunsystem als Entschuldigung dafür verwendest, um rohes Fleisch aus dem Mülleimer eines Hinterhofs zu essen, hast du allerdings den Sinn der Sache verfehlt. Wenn du dein Leben jedoch in engem Kontakt mit Gott lebst und Entscheidungen triffst, die diese Beziehung schützen, sollte das Dämonische höchst selten eine Rolle in deinem Leben spielen.

Wunden

Es gab einen Mann, der dieselbe prophetische Gruppe besuchte wie ich, als ich dreizehn war und immer noch versuchte, mit meinen neu entdeckten Talenten zurechtzukommen. Nennen wir ihn Chuck, auch wenn es nicht sein realer Name ist. Und ich glaube, ich kenne derzeit auch niemanden, der Chuck hießt.

Also Chuck war ein netter Kerl, allerdings einer von der Sorte, die zu allem etwas zu sagen haben. Jedes Mal, wenn nach Gebetsanliegen gefragt wurde, hatte er eine Liste. Wenn er prophezeite, reizte er sein Lungenvolumen voll aus. Und in jedem Gespräch mit ihm lief es schnell darauf hinaus, dass er mir lang und breit beschrieb, welche Leiden und Sorgen er in dieser Woche nun wieder hatte. Jeder von euch kennt wahrscheinlich ein oder zwei Chucks.

Trotz der allgemeinen Sympathie, die ich für die Menschheit als Ganzes habe, fühlte ich mich von Chuck belästigt. Ich hasste ihn nicht oder etwas Ähnliches, aber ich hätte nichts dagegen gehabt, wenn er eine andere prophetische Gruppe gefunden hätte – vielleicht in Indien oder so.

Im Geist sah ich auf Chucks Gesicht viele Schnitte und Narben. Ihre Länge und Tiefe war jedes Mal anders, wenn ich ihn traf. Manchmal hatte er einen langen, tiefen Schnitt von seiner Nase bis hinunter zu seinem Kiefer, und er bat dann um Gebet, weil sein Sohn wieder Drogen nahm. Zu anderen Zeiten verlief eine dicke, rote Narbe quer über seine Wange, und er erzählte zum dritten Mal die Geschichte von seiner Ex-Frau. Zuweilen hatte er Kratzspuren quer über sein ganzes Gesicht, und er brach in Tränen aus, wenn er darüber sprach, dass das Leben einfach zu erdrückend sei. Ich hätte mehr Mitleid mit ihm gehabt, wenn es nicht jede Woche so gewesen wäre.

Einmal, als ich mein Bestes tat, um einen blutenden Schnitt über seinem linken Auge zu ignorieren, bekam ein Punkt mitten auf seiner Brust eine unerklärliche Anziehungskraft für mich. Obwohl er vollständig bekleidet war, konnte ich einen dunklen Bluterguss in der Mitte seines Brustbeins sehen. Er war nicht größer als ein Golfball und hatte dunkelblaue und grüne Ringe um ein marineblaues Zentrum herum. Sobald ich diesen Bluterguss sah, huschte ein Bild durch meinen Kopf. Ich sah einen kleinen Jungen, nicht älter als zehn, der weinend sein Kinn auf die Brust presste. Sein Vater stand mit geschwollenen Adern und hervorgetretenen Augen über ihm und war voller Wut.

Er griff nach dem Kinn des Jungen, riss es hoch und schrie: „Schau mich an!" Der Junge zuckte zusammen und weinte noch heftiger.

Der Vater nahm die Hand vom Gesicht des Jungen und schrie: „Sofort hörst du mit diesem Geheule auf! Hör sofort auf!" Die letzten drei Worte unterstrich er, indem er mit zwei Fingern hart gegen die Brust des Jungen stieß. „Keiner will den ganzen Tag dein Geheule hören! Du hörst damit auf! JETZT!", schrie er mit einem letzten Schlag auf dieselbe Stelle.

Danach war ich nie mehr so genervt von Chuck. Ich dachte, ich sollte vielleicht etwas sagen, wie zum Beispiel, dass es einen Weg gab, um die Worte zu brechen, die sein Vater in seine Brust gehämmert hatte, aber ich tat es nie. Ich war erst dreizehn, aber schon damals machte es mich traurig zu sehen, was die Worte eines Mannes anrichten konnten. Ich glaube, wenn Chuck gewusst hätte, was sein Vater im Himmel über ihn zu sagen gehabt hätte, wäre alles ganz anders gewesen.

Wunden sind leider etwas, das ich immerzu bei den Leuten sehe. Ich sehe sie fast jeden Tag. Ob sie nun von deinem Boss stammen, der unzufrieden mit einem deiner Projekte war, in welches du dein Herzblut investiert hattest, oder von deiner Frau, die dich anfaucht, weil du vergessen hast, die Wasserrechnung zu bezahlen, oder ob es nur wieder ein schiefer Blick von der Person war, mit der du gerne befreundet sein möchtest – wir verletzen einander. Du kannst vorgeben, diese Dinge seien nicht da oder würden dir nichts ausmachen, aber du weißt, wie es wirklich ist.

Natürlich sind nicht alle Wunden gleich. Manche verschwinden innerhalb von Stunden; andere verheilen, aber es bleiben Narben zurück. Und wieder andere lässt man einfach nicht heilen; sie bleiben eiternde Stellen, welche Muskeln und Knochen zerstören. Wie sehr diese Wunden dich treffen und dir schaden, hängt glücklicherweise bzw. leider völlig von dir selbst ab. Ich habe Leute getroffen, die zugelassen haben, dass ein dummes Wort sie in die dunkle Grube des Nichtvergebens, der Bitterkeit und des Selbstmitleids hineinzog, während andere eine Vergangenheit voller Ablehnung und Beschämung in eine Krone der Herrlichkeit verwandelten, indem sie alles dem einen übergaben, der starb, um jeden Schmerz zu heilen.

***

In unserem Prophetie-Team war eine sehr talentierte Frau. Sie hatte die natürliche Gabe, Gottes Stimme zu hören, und zeigte große Autorität, wenn sie den Menschen alle die guten Dinge mitteilte, die Gott über sie zu sagen hatte. Trotzdem sah ich bei ihr immer diese blasse Linie, die von ihrem rechten Ohr bis zum Mund verlief. Es sah nicht besonders schwerwiegend aus, kaum mehr als ein dünner Streifen gereizter Haut, doch es schien nie besser zu werden.

Eines Tages prophezeiten wir gemeinsam für einen Mann mittleren Alters mit einem Pornografieproblem. Statistisch gesehen ist das nichts Ungewöhnliches, aber das Problem dieses Mannes war irgendwie augenfälliger als die meisten anderen. Ich konnte sehen, wie der Dämon in Kreisen um seinen Kopf herumhüpfte und mit einem Lächeln an verschiedene Stellen seines Gesichts stieß. Obwohl ich bereits viele Leute gesehen hatte, die von Dämonen der Perversion attackiert wurden, hieß das nicht, dass diese alle irgendwie unmoralisch waren. Es bedeutete nur, dass der Teufel ihnen Probleme mit Unmoral anhängen wollte. Dass dieser Mann ein Problem hatte, sah ich an seinem schamvollen Blick, jedes Mal wenn der Dämon ihn berührte.

Ich wusste damals nicht, was ich ihm sagen sollte. Heute weiß ich, dass ich ihm hätte sagen sollen, dass er ein Mann der Ehre und Integrität ist, und dass Gott ihn dazu geschaffen hatte, ein Vorbild der Reinheit zu sein, was die Wahrheit gewesen wäre. Meine talentierte, prophetische Partnerin dagegen schien genau zu wissen, was sie ihm sagen wollte.

Ihr Gesicht wurde mit jedem Atemzug röter und röter. Und dann setzte sie an, um zu sprechen. Die Linie von ihrem Ohr zum Mund öffnete sich, sodass ihr Kiefer von einer Seite lose herunterhing. Das Fleisch darunter war verrottet und voller Maden. Damals war ich mir meiner Gabe schon seit einigen Jahren bewusst gewesen, weshalb ich es bereits gewohnt war, sowohl schockierende und düstere als auch atemberaubend schöne Dinge zu sehen, die irgendwo aus dem Nichts zu kommen schienen. Ich reagierte äußerlich auch sehr selten auf ihr Erscheinen. Aber diesmal zuckte ich zusammen, wahrscheinlich weil ich es überhaupt nicht erwartet hatte.

Sie fuhr fort, indem sie dem Mann ein „prophetisches Wort" darüber gab, wie er sein Leben zu ändern hatte, und dass Chancen an ihm vorbeizögen, weil er sie nicht sehen könne. Während sie sprach, versuchte ich so gut wie möglich herauszufinden, wodurch diese extreme geistliche und verbale Reaktion verursacht worden war. Ich war verwirrt, bis ich erkannte, dass der Dämon direkt zwischen ihr und dem Mann schwebte, dem sie prophezeite, sodass sie durch den Dämon hindurchsah wie durch einen Filter. Nur Sekunden, nachdem ich die eigentümliche Inszenierung bemerkt hatte, schwebte der Dämon in mein Blickfeld, zwischen mich und den Mann.

Durch den Dämon gesehen, wurden die Charakterzüge des Mannes subtil auf teuflische Weise übertrieben und verdreht. Selbst ich spürte ein gewisses Maß an Verachtung in meinem Bauch. Ich musste mich aktiv dafür entscheiden, mit dem übereinzustimmen, was Gott über den Mann sagte, um das religiöse Biest, das in meinem Bauch herumwirbelte, davon abzuhalten, diesen Mann zu verdammen.

Meine Teampartnerin schaffte es irgendwie, nicht zu tief in den Bereich der Anklage hineinzutauchen, aber der Mann sah nach ihrer Ansprache nicht gerade sehr ermutigt aus. Etwas später fand ich heraus, dass sie einige Jahre zuvor in ihrer Ehe starken Missbrauch erlebt hatte. Es machte mich traurig, dass sie, obwohl sie mit einem tollen Mann wiederverheiratet war und drei wundervolle Kinder mit ihm hatte, immer noch von dieser missbräuchlichen Beziehung gezeichnet war. Wunden, die wir einfach unbeachtet lassen, verzerren unseren Blick, nicht nur auf andere, sondern auch auf uns selbst.

Während ein Teil der betrügerischen Strategie des Dämonischen darin besteht, uns Lügen über uns selbst glauben zu machen, sollen wir auf der anderen Seite dazu gebracht werden, Lügen über andere zu glauben. Ich weiß nicht genau, warum wir diesen Drang haben, andere zu verdammen. Vielleicht, weil wir uns dadurch selbst besser fühlen, oder weil unser Sinn für Gerechtigkeit von unseren eigenen Wunden beeinflusst ist. Was auch immer der Grund ist, Gott behandelt die Menschen nicht so. Er sandte seinen Sohn, damit er starb und unsere Sünden völlig auslöschte.

Dämonen und ihr Einfluss

Dämonen haben nur dann Autorität über dich, wenn du sie ihnen gibst. Ohne deine ausdrückliche Zustimmung, hat kein dämonisches Wesen ein Recht, in deinem Leben zu handeln.

Würde sich der Teufel mit einer roten Mistgabel in der einen Hand und einem Vertrag in der anderen zeigen, würde er wahrscheinlich nicht allzu viele Seelen gewinnen. Er muss also stattdessen einen weichen Boden finden, in den er seine Lügen und Täuschungen säen kann.

Einmal kam eine Frau in unsere Gemeinde, die gerne während des Gottesdienstes prophezeite. Generell war das kein Thema. Das Problem waren ihre Worte: „Spüre die Magie seines Atems, der durch deine Brust strömt!", „Kannst du seine Kraft schmecken, die aus der Erde hervorkommt?" oder „Füge deinen Willen seinen Annäherungen und lass dich von ihm übernehmen!"

Für jemanden, der (wie ich) über Dämonen spricht, die sich aus der Zimmerdecke herausbilden, mag es anmaßend erscheinen, über jemanden zu richten, der ein paar befremdliche Worte während eines Gottesdienstes sagt. Aber das Gefühl, das von dem ausging, was sie sagte, war noch viel unangenehmer als die Worte selbst.

Die Leiter baten sie aufzuhören. Sie tat es nicht, also baten sie ein wenig eindringlicher. Eine Woche lang unterließ sie es, begann dann aber von Neuem. Nach einigen Wochen dieses ganzen Theaters, baten sie mich, ich solle sie mir einmal näher anschauen.

Ich sah eine Metallspange um ihren Hals herum, die mit einer schwarzen Kette verbunden war, welche zwischen ihr und einem Dämon hing, der auf ihrer Schulter saß. Der Dämon war spitzknochig und nicht größer als 60 Zentimeter; er hatte dünne Flügel und ein ausgemergeltes Gesicht. Er hockte auf seinem Hintern und zupfte an ihrem Haar herum wie ein Hausaffe, bis es eine Pause im Lobpreis gab. Dann zog er seine lange Hand aus ihrem Haar und stach mit einem spitzen Finger in ihren Hals. Er stocherte anscheinend immer in die gleiche Stelle, da sich ein rohes, rotes Loch, mit dem Durchmesser eines Bleistifts an der Seite ihres Halses befand.

Wenn er stocherte, zuckte sie zusammen, als ob ein Teil von ihr versuchte zu widerstehen, aber dann begann sie schnell ihre unreinen Worte mitzuteilen. Ich sah sie aus ihrem Mund wehen –

mit Glitzer bestäubte Blütenblätter, die in einem widerlichen, grünen Dunst irgendwo zwischen nett und grässlich schwebten. Ich vermutete, dass es wie ein überparfümiertes Potpourri auf dem Klo eines Bestattungsinstitutes gerochen hätte, falls meine Nase es hätte wahrnehmen können – ein Täuschungsversuch, versteckt im Schafspelz der Offenbarung.

Unser Lobpreisleiter, der genug von den wöchentlichen Kundgebungen der Frau hatte, schlug ein paar kräftige Akkorde an und überdröhnte das „prophetische Wort". Die Gemeinde schien seine Haltung in dieser Situation zu begrüßen, da sie sofort einstieg und sang, was die Lunge hergab. Die Gegenwart Gottes kam schnell und deutlich – eine warme Schwere bildete sich in der Luft.

Der entrüstete Blick des Dämons passte zu dem Ärger, der über das Gesicht der Frau zuckte. Er bohrte seinen Finger tief in ihren Hals, sodass die Frau sichtbar zusammenzuckte. Ich wunderte mich in diesem Moment, wie ein Dämon in einer solchen Atmosphäre, die zum Schneiden dick mit der Gegenwart Gottes gefüllt war, existieren konnte. Gerade da erreichte die Anbetung ihren Höhepunkt. Der Ausdruck des Dämons verwandelte sich von Ärger in jämmerlichen Schrecken. Er sprang von der Schulter der Frau herunter und flatterte wild mit den Flügeln.

Da bemerkte ich, dass die Kette, die am Hals der Frau hing mit einer weiteren Spange am Handgelenk des Dämons angeschlossen war. Er riss wie wahnsinnig an der Kette, während er mit der freien Hand am gefangenen Gelenk kratzte. Der Dämon war genauso an die Frau gebunden, wie sie an ihn.

Unsere Ängste und Wunden, unser Neid und Groll lassen die Dämonen herein; aber genauso machen unsere Ängste und Wunden sowie unser Neid und Groll es ihnen auch unmöglich, wieder zu gehen. Diese Schmerzen und Gesinnungen mögen zuweilen unüberwindlich erscheinen, was sie auch sind. Ich habe genug moderige Verbände und Porzellanmasken gesehen, mit denen versucht wurde, die tiefsitzenden Wunden zu verstecken, um zu wissen, dass unsere eigenen Anstrengungen, die Schäden des Lebens zu beheben, tragisch unzulänglich sind. Wir benötigen eine vollkommene Liebe, um all die Ängste aus unserem Leben auszutreiben. Es ist unmöglich, die Fehltritte gegen uns zu vergeben, ohne die Weisheit und den Trost des Einen, der alle Sünden vergab, die jemals existierten.

***

Das Letzte, was ich will, ist übrigens, dass du, nachdem du diesen Teil des Buches gelesen hast, Innenschau betreibst und wegen deiner Unzulänglichkeiten verunsichert wirst. Als du Christus in deinem Herzen angenommen hast, bist du *buchstäblich* eine neue Schöpfung geworden. Ich habe schon gesehen, wie es passiert. Ein genauer Bauplan wurde in deinen Geist eingezeichnet, und du bist dabei, diesen perfekten Tempel zu bauen. Du bist genau die Person, wie Gott sich dich ausgedacht hat, und gleichzeitig bist du noch am Werden.

Ich denke, einige Leute glauben, dass wir uns in einem Prozess befinden, der irgendwann zu unserer Vollkommenheit führt. Die meisten von uns gehen aber davon aus, dass wir diese, bevor wir sterben, nicht erreichen können. Doch je mehr ich mich mit Gott über sein Volk austausche, desto mehr komme ich zu der Überzeugung, dass der Prozess selbst die Vollkommenheit *ist.*

Deine innere Heilung und dein geistliches Wachstum sind zweitrangig gegenüber deiner Beziehung zu Gott. Man kann sich leicht in den Versuchen verlieren, die Heilung der inneren Wunden zu erlangen, sodass man vergisst, die Beziehung zum Heiler aufzubauen. Genauso leicht kann man im Eifer und Jagen nach den Gaben und Salbungen vergessen, dass dein himmlischer Vater der Geber ist. Meist ist es genauso leicht, dämonische Einflüsse loszuwerden, wie zu hören, was Gott über unser Leben zu sagen hat.

Einmal kam eine gute Bekannte zu mir, weil sie sich depressiv fühlte. Sie hatte eine kurze Liste der Dinge dabei, die ihr so in den Gedanken herumschwirrten; aber nichts davon schien ein wirklicher Grund für ihre momentane Gemütslage zu sein. In dieser Phase meiner farbenreichen „Karriere“ hatte ich gerade entschieden, es nicht mitzuteilen, wenn ich dämonische Wesen sah, die den Leuten auf der Pelle hingen, da ich in der Vergangenheit keine positiven Erfahrungen damit gemacht hatte. Deshalb sagte ich ihr nichts über den Depressionsdämon, den ich hinter ihr schweben sah. Gewöhnlich bin ich wirklich versiert darin zu verbergen, was ich geistlich sehe, aber sie kannte mich zu gut.

„Und?", fragte sie mich und starrte mir gerade in die Augen.

„Und?", antwortete ich und schaute weg.

Sie rollte mit den Augen. „Was siehst du?"

„Sehen?", fragte ich und tat mein Bestes, ungezwungen zu wirken.

„Blake, wenn etwas mich depressiv macht, würde es mir viel helfen, wenn du's mir einfach sagst!"

Nun, aller Wahrscheinlichkeit nach stehen die meisten von euch jetzt auf der Seite meiner Bekannten. Aber du musst verstehen, dass dies für mich sehr schwierig war. Beziehungen waren auseinander gegangen, Leiter hatten sich angegriffen gefühlt und Leute fielen in ein Loch der Selbstbeobachtung – und alles nur, weil ich ihnen dämonische Aktivitäten beschrieben hatte. Sie hatten gesagt: „Es ist okay. Ich kann damit umgehen", oder: „Ich möchte es einfach nur wissen." Aber wenn ich ihnen etwas erzählte, führte es meistens dazu, dass sie sich besudelt fühlten.

All das raste durch meinen Kopf, während meine Bekannte mich weiterhin unnachgiebig anstarrte. Dann spürte ich den Heiligen Geist und wusste, dass es okay war.

„Ich sehe einen Dämon", sagte ich. „Es ist ein gigantischer Augapfel, der eine lange, scharfe Nase hat wie ein Moskito, kleine Vogelbeine und Insektenflügel. Er ist ungefähr so groß wie eine Grapefruit."

„Ist es meine Schuld, dass er da ist?", fragte sie und unterbrach ihren einseitigen Anstarrwettstreit.

„Nein, aber er will, dass du das glaubst", antwortete ich, denn das sagte der Heilige Geist.

„Was muss ich tun, damit er abhaut?" Er war weg, bevor sie fragte.

Lügen sind die einzige wirkliche Kraft, die Dämonen haben; und Lügen haben nur Macht, wenn du ihnen glaubst. Hätte ich diesen Austausch mit meiner Bekannten nicht gehabt, dann hätte ich vielleicht niemals gesehen, wie wertvoll es ist, die Pläne des Feindes zu entlarven. (Und ich hätte möglicherweise auch niemals diesen Teil des Buches geschrieben.) Aber nun weiß ich, dass es Freiheit bedeutet, eine Täuschung auch als solche zu offenbaren. Wie ich schon sagte, will ich nicht, dass ihr jetzt alle wegen der Frage durchdreht, ob ihr dem Feind zuhört oder nicht. Aber ich will dir einige wichtige Tipps geben, die dir dabei helfen können, „deine Gedanken unter den Gehorsam Christi gefangen zu nehmen"[1]:

1. Es gibt eine praktische Liste von Eigenschaften, die du bei allem berücksichtigen solltest, was du sagst und tust. Erzeugen deine Gedanken Liebe, Freude, Frieden, Geduld, Freundlichkeit, Güte, Glaubenstreue, Sanftmut und Selbstbeherrschung, dann bist du auf dem richtigen Weg. Es sieht aus, als müsse man sich da viel merken, aber dankbarerweise war Gott so freundlich, es in Galater 5,22-23 niederschreiben zu lassen.
2. Folge einfach nur Regel Nummer Zwei aus der Einleitung dieses Buches. Wenn du in jeder Situation nach dem Guten Ausschau hältst, ist es schwierig für den Teufel, deine Perspektive zu verdrehen.
3. Betrachte deine Gedanken. Denke darüber nach, warum du dich gerade jetzt auf eine bestimmte Weise fühlst. Warum bist du beleidigt? Warum bist du traurig? Warum bist du wütend? Das gibt Gott die Möglichkeit, mit dir über das zu sprechen, was du denkst.
4. Und am wichtigsten: Bringe alles in deinem Leben in deine Beziehung zu Gott ein. Sind deine Gedanken von der Größe und Herrlichkeit Gottes eingenommen, bleibt kein Raum für irgendetwas anderes.

---

[1] vgl. 2 Kor 10,5.

Haus und Heimat

Einmal, als ich sechzehn war, machte ich mit meiner Jugendgruppe einen mehrtägigen Straßeneinsatz in Los Angeles. An einem Tag hatten wir frei und gingen nach Venice Beach, einem Vorort von Los Angeles, der am Strand liegt. Es ist ein wirklich interessanter Ort, mit vielen Verkaufsständen am Strand entlang, umgeben von schmutzigem Sand und noch schmutzigerem Wasser. Es wird einem dort alles Mögliche angeboten – von kostenlosem hellseherischem Lesestoff bis zu Flugblättern über Weltuntergangsprophezeiungen. Auf der anderen Straßenseite findest du jede Menge dubiose Läden, kleine Kirchen und Kunstgalerien. Ich bin gern dort. Nirgends trifft man so viele offene Leute. Klar, viele von ihnen sind auf Drogen, tief im Okkultismus verstrickt oder darauf aus, einen Griff in fremde Taschen zu tun. Aber die Mehrheit von ihnen hat erkannt, dass sie etwas brauchen, das ihr Leben erfüllt – was schon mehr ist, als man von den meisten Leuten sagen kann. Diese Art von Spiritualität, die offen für alles ist, ist zwar auch eine offene Tür für das Dämonische, aber ebenso für den Heiligen Geist.

Unser Tagesziel war recht einfach – ein bisschen shoppen gehen und währenddessen etwas beten. Wir wanderten am Strand entlang; die Hälfte unserer Gruppe sah aus wie Schafe unter einer Ansammlung von Wölfen.

Nach ungefähr einer halben Stunde hatte ich plötzlich den Impuls, in den Geist zu schauen. Manche Leute sind überrascht, wenn sie entdecken, dass ich das nicht ständig tue. Obwohl ich im Geist sehen kann, wann immer mir danach ist, tue ich es normalerweise nicht, wenn ich nicht einen Impuls vom Heiligen Geist verspüre. Ich glaube nicht, dass es falsch ist, ohne Grund im Geist zu schauen – manchmal tue ich das auch – aber ich habe herausgefunden, dass ich meine Zeit am sinnvollsten damit verbringe, mir das anzuschauen, worauf Gott mich hinweist.

Die geistliche Szene war gar nicht so anders als die physische. Ich sah eine bunte Mischung aus reinem Licht und schmuddeligen Wolken, die zwar irgendwie umeinander schwirrten, sich aber nicht wirklich vermischten. Der Himmel glich einem Bienenstock, in dem eine Biene extravaganter gekleidet war als die andere. Dämonische Wesen „schwammen" durch die dicke Luft, mit Buntglas-Flügeln und spindeldürren, schmiedeeisernen Beinen. Jedes war ein Einzelstück. Es war auf befremdliche Weise schön, wie wenn man eine Gruppe Hammerhaie beobachtet, die einen Schwarm Fische umkreist. Die Engel waren ähnlich unterschiedlich – jeder sah aus, als hätte ihn ein anderer Künstler gemalt. Sie flogen durch die trübe Luft, und wo immer sie ein offenes Herz fanden, gaben sie Inspiration weiter.

Bei einer Frau an einer Hellseherbude zu meiner Linken sah ich eine schöne, goldene Brille mit detaillierten Verzierungen auf der Fassung und eingelegten Juwelen in den Ecken. Aber sie war schmutzig, angelaufen, verbeult und angeschlagen – eine Gabe Gottes, die ohne seine Leitung ausgeübt wurde. Diese Frau hörte nicht auf Dämonen, wie manche Christen es von Hellsehern glauben; sie agierte lediglich aus einer unwiderruflichen, gottgegebenen Gabe heraus.

Natürlich gibt es Leute, die auf dämonische Stimmen hören, um Inspiration für ihre Prophezeiungen zu bekommen, aber meiner Erfahrung nach ist das die Minderheit. Ich vermute, dass diese Frau ihre Gabe nutzte, um die Umstände im Leben der Leute zu erkennen und dass sie diese Informationen einfach nur vor den Leuten wiederholte. Wäre sie mit dem Heiligen Geist verbunden gewesen, hätte sie Antworten für jedes Problem gehabt, das man ihr vorgelegt hätte, ganz zu schweigen von der Möglichkeit, diese Leute zu ermutigen und ihnen zu helfen, über die Probleme hinwegzukommen. Aber ohne den Heiligen Geist war es so, als versuchte sie um Mitternacht und mit einer Taschenlampe ein Kreuzfahrtschiff zu steuern. Ihrer begrenzten Sicht mangelte es am Einfluss der uneingeschränkten Perspektive des Heiligen Geistes. Wenn wir nur die Gabe anwenden und sie nicht aus der Beziehung zu Gott heraus ausüben, ist ein prophetisches Wort auch nichts anderes als Hellsehen.

Nach der Hellseherbude trafen wir auf einen Mann mit Zottelbart und einer dunkelbraun gebrannten Haut, der selbstgemachte

Armbänder und Halsketten verkaufte. Auf seinem sonst kahlen Kopf saß eine dunkle und schleimige Kreatur. Sie glich einer mit Tinte vollgesaugten Krake mit vier glitschigen Armen, die herabreichten und sich um das Gesicht und in den Bart des Mannes schlangen. Dieses Etwas ließ tintenschwarze Sekrete von jedem Teil seines Körpers triefen, die über das Gesicht des Mannes, auf seine Brust, seine Hände und schließlich auf seine Ware herabliefen; sie glitten über die Oberflächen wie Öl auf dem Wasser.

Eines der Mädchen unserer Gruppe griff nach einer Kette. Trotz der Schwärze dieser Kreatur war der Schmuck des Mannes eigentlich ganz hübsch. Aber das Mädchen legte die Kette schnell wieder zurück, so als hätte sie plötzlich bemerkt, dass sie voller Ameisen war. Der Mann mit der Krake erzählte uns ausführlich, wie er jede einzelne dieser Halsketten selbst angefertigt hatte. Als die Gruppe ihren Weg fortsetzte, gab er dem Mädchen, das nach der Kette gegriffen hatte, noch schnell ein halbes Blatt Papier. Sie dankte ihm in der Art, wie man es tut, wenn ein Fremder einem etwas gibt, das man nicht wirklich haben will, und schloss sich wieder der Gruppe an.

Das Papier war eine armselig gestaltete Einladung zu einem Seminar für „spirituelle Erleuchtung". Das billige und schlecht geschnittene Papier deutete darauf hin, dass es sich um ein ausgesprochen minderwertiges Seminar handelte. Der Krake auf dem Kopf unseres bärtigen Freundes nach zu schließen, war es wahrscheinlich eine Einladung zu einer Art Kult.

Während wir weiter der Straße folgten, fragte ich mich, was die ganze schwarze Tinte auf den Ketten bedeutete. Es war offensichtlich, dass der bärtige Mann völlig irregeleitet war. Aber konnte er diese Täuschung auch auf jemanden übertragen, der eine Vorliebe für einzigartigen Schmuck hatte? Dann hörte ich, wie Gott mir sagte, ich solle zurückzublicken.

Ich drehte mich um und sah, dass der Himmel in zwei Hälften gerissen war. Ein Spalt goldenes Licht teilte den Himmel über Venice Beach, als hätte ein gewaltiges Messer die Verpackung eines goldglühenden Geschenks aufgeschnitten. Der Riss im Himmel folgte dem Weg, den wir entlang dem Strand genommen hatten. Das Licht schien auf alles, was in dessen Reichweite lag. Wir hatten einen strahlendschönen kalifornischen Sommertag, aber verglichen mit dem, was von diesem brillanten Licht berührt worden war, wirkte der ganze Rest der Welt grau.

Als das Licht die Dame an der Hellseherbude umhüllte, fing ihre trübe, goldene Brille das Licht ein und wurde erneuert. Jeder Kratzer und jede Delle wurde repariert und die Juwelen schimmerten wie neu.

Der schwarze Krakendämon flüchtete angesichts des Lichts von seinem glatzköpfigen Hochsitz unter den Tisch des bärtigen Mannes in den Schatten. Die Dämonen, die zuvor noch in ihrem Todeswalzer über den Himmel gewogt waren, machten sich davon, also würden sie vom Licht weggebrannt, während die Engel sich in seiner Wärme aalten.

Das goldene Licht folgte uns für den Rest des Tages und teilte den Himmel mit seinem herrlichen Strahlen. Wir hatten nichts weiter getan als zu shoppen und gelegentlich ein stilles Gebet loszulassen, und dennoch folgte uns das Licht. Ich wusste, dass es nicht für immer bleiben würde, denn es war wegen uns da. Und kurz nach unserem Weggang würde es verschwinden, es sei denn, jemand würde wollen, dass es bleibt.

Das Licht stellte die Gabe der Frau wieder her; aufgrund ihrer Entscheidungen, Wunden oder Unkenntnis war diese Gabe zuvor nur noch ein zerlumpter Schatten ihres ursprünglichen Designs gewesen. Zumindest hatte die Frau nun eine Gelegenheit zu sehen, wie diese Gabe sein könnte. Der bärtige Mann war einer Täuschung verfallen, weil er unter Zwang geraten war; entweder hatte die Kirche ihn verletzt oder er war einfach ein verlorener Mann, der nach etwas gesucht hatte, das sein einsames Herz berührte. Es ist nicht wirklich wichtig, was genau die Ursache war. Aber nun hatte er die Gelegenheit, die Welt ohne diese lügende Stimme in seinem Ohr anzuschauen – einen Moment, um die Dinge klar zu sehen.

Dies alles geschah nicht etwa, weil meine Jugendgruppe irgendwie besonders gewesen wäre, und auch nicht, weil wir es uns durch stundenlanges, intensives Gebet oder Bibelstudium verdient hätten. Es geschah, weil wir darum gebeten hatten. Unser Jugendpastor hatte uns für eine kurze Gebetsrunde zusammengerufen, bevor wir zum Shoppen losgezogen waren. Dabei hatte er gebetet, dass wir selbst an unserem freien Tag ein Licht sein würden.

Vielleicht fragst du dich, warum ich nicht anhielt, um mit der Hellseherin zu sprechen, oder warum wir nicht für den Schmuckverkäufer beteten. Diese beiden waren nur zwei von hunderten Leuten, an denen wir an diesem Tag vorbeigingen. Sie alle hatten etwas, wofür sie eine Berührung von Gott benötigten, und sie alle waren von dem Licht getroffen worden, das uns diesen ganzen Tag am Venice Beach gefolgt war. Einerseits denke ich, dass ich hundert Möglichkeiten verfehlt habe, mehr von Gottes Liebe freizusetzen. Andererseits wäre ich noch immer dort, wenn ich jede dieser Gelegenheiten genutzt hätte. Hier im Gleichgewicht zu sein, versuche ich jeden Tag zu verbessern. Aber dieses Licht, das uns folgte, war auch nicht auf diesen einen Tag und dieses eine Mal begrenzt. Wenn du ein Kind Gottes bist, veränderst du alles, was du berührst.

Zuhause

Während ich dies schreibe, bin ich zu Hause und gebe mein Bestes, mich so wenig wie möglich einem typischen, glühend heißen Georgia-Nachmittag auszusetzen. Meine Frau ist diese Woche außer Haus; der Haushalt war also schon einmal in besserem Zustand. Ich sitze in meinem Schaukelstuhl, oben im Schlafzimmer, wo eindeutig zu viel Schmutzwäsche auf dem Boden herumliegt und etwa fünf halbvolle Gläser auf meinem Nachttisch stehen. Ich finde es besser, eine solche Sammlung von Gläsern entstehen zu lassen, als Gefahr zu laufen, ein weiteres Glas Wasser aus der Küche hochholen zu müssen.

In der Zimmerdecke über meinem Bett befindet sich ein Loch. Glücklicherweise existiert es nicht in der physischen Welt, da ich im Ausbessern von Sachen ungefähr genauso gut bin wie darin, mich daran zu erinnern, dass ich bereits ein Glas auf dem Nachttisch stehen habe.

Dieses Loch ist ein Eintrittspunkt, eine Stelle, an welcher der Feind hereinkommen kann. Damit du es nicht falsch verstehst: Natürlich ist es nicht so, dass meine Wände so dick sind oder meine Haustür so genial verriegelt ist, dass Dämonen darauf zurückgreifen müssten, ein kleines Loch in mein Dach zu kratzen. Wie gesagt: Wenn du im Geist siehst, ist dies eine visuelle Darstellung der geistlichen Realität. Das Loch ist nicht wirklich da, aber es repräsentiert etwas Bestimmtes.

In der letzten Zeit hatte ich Stress wegen meiner Finanzen; das kann passieren, wenn man die männliche Hälfte eines jungen Paares mit einem neuen Baby ist. Vermutlich ist das der Grund für das Loch. Ich weiß das, weil ich den Stress fühle, wenn ich es anschaue. Das ist interessant an dämonischen Einflüssen; wenn du mittendrin bist, fühlt es sich absolut real an, aber sobald du klarsiehst, ist es nicht bedrohlicher als ein Hase aus Pappmaschee.

Du beeinflusst die Welt um dich herum, ob zum Besseren oder zum Schlechteren. Meine Geldsorgen haben eine offene Tür für den Feind geschaffen, mich zu beeinflussen. Es ist, als würde man eine Furche ritzen, wo das Wasser fließen kann.

Dieser Zugangspunkt sieht klein aus. Wäre er physisch, könnte ich wahrscheinlich gerade so meine Hand hindurchstecken. Es sieht aus, als hätte es jemand mit seinem Feuerzeug oder Gasbrenner verursacht. Wenn ich nicht meine Gedankenmuster ändere, werden meine Sorgen kontinuierlich an dem Loch graben und es vergrößern. Ich habe schon Zugangspunkte im Zuhause von Leuten gesehen, die mit Wachs überzogen waren, wie ein Bienenstock, oder die durch schwarze Balken offengehalten wurden, wie ein Grubenschacht. Das geschieht, wenn dämonische Lügen beginnen, sich mit Sorgen oder Ängsten zu vermischen. Sie verstärken den Zugang des Feindes.

Ich spreche also ein einfaches Gebet: „Ich befehle, dass diese offene Tür sich schließt. Ich bedecke sie mit dem Blut Jesu und ich tue Buße dafür, dass ich Gott nicht vertraut habe, dass er mein Versorger ist." Und ohne Weiteres heilt das Loch sich selbst. Der Engel über dem Gitterbettchen meines Babys fliegt hoch und berührt es mit seiner Hand. Es glüht für einen Moment auf und das war's.

Du musst mein Gebet nicht kopieren. Ich benutze auch nicht jedes Mal das gleiche. Und zu fünfzig Prozent bete ich noch nicht einmal. Es ist nichts daran falsch, um Schutz für dein Haus zu beten oder alle Räume mit Öl zu salben. Diese Dinge sollen Glaubenshandlungen sein. Wichtiger als das richtige Ritual auszuführen, ist, deine Denkweise zu ändern.

Dein Zuhause ist deine Lebenswelt. Deine Lebenswelt ist eine Reflektion deiner Gewohnheiten und Denkweisen. Meine Frau ist weg, und meine Lebenswelt ist mit schmutziger Wäsche und mit mehr Trinkgläsern, als ich eigentlich brauche, übersät. Das spiegelt meine Abneigung wider, meine Sachen aufzuräumen. Ich könnte in weniger als einer Minute die Schmutzwäsche in den Wäschekorb werfen und die halbvollen Gläser die Treppe hinuntertragen, aber mein Zimmer würde in wenigen Tagen genauso aussehen, wenn ich nicht meine Gewohnheiten ändere.

Ich hatte Stress wegen der Finanzen, und dieser Stress hatte einen Zugangspunkt zu meinem Zimmer geschaffen. Ich habe gottgegebene Autorität, um jede dämonische Tür zu schließen und jeden Dämon aus meinem Haus zu jagen, aber sie können gleich wieder zurückkommen und sich eine neue Öffnung schaffen, wenn ich meine Gewohnheiten und Denkweisen nicht ändere, die ihnen überhaupt erst die Möglichkeit geben hereinzukommen.

Kunst und Medien

Oft fragen mich Leute, ob ich Geistwesen in Videos oder Fotografien sehen kann. Die Antwort ist: Nein. Ich kann den Schutzengel eines Nachrichtensprechers nicht sehen und ich kann auch nicht erzählen, ob sich ein Dämon auf dem Talkshow-Moderator befindet. Aber ich sehe ständig, dass Dinge *aus* den Kinofilmen und dem Fernseher herauskommen. Das meiste ist nicht sehr überraschend. Gesalbte Lobpreismusik gibt farbenfrohe Lichter frei und zieht die Engel an. Heavy-Metal-Musik kann Zorn freisetzen.

Eine erschreckende Nachrichtensendung verursacht möglicherweise Furcht.

Kinofilme, TV-Shows, Musik, Medien, Bücher, Gemälde und Videospiele – alle diese Sachen wurden von Menschen geschaffen. Und sie alle tragen ein geistliches Kennzeichen: gut, schlecht oder irgendetwas dazwischen.

Bevor du jetzt anfängst, alle deine Filme in die Mülltonne zu stopfen, erinnere dich daran, dass du ein Kind Gottes bist. Jede Kunst hat eine geistliche Wirkung, aber dein Papa ist der Schöpfer des Universums. Dich vor Kinofilmen zu verstecken, dein Fernsehgerät aus dem Fenster zu werfen, alle deine Bücher zu verbrennen und das Kind anzuschreien, das hinten in der Kirche ein Spiel spielt, kann ein Akt der Furcht sein. Und du gibst den Dingen, die du fürchtest, Macht, denn Furcht ist eine Art Glauben.

Furcht ist die Erwartung eines Angriffs oder Schmerzes, d. h. du bist davon überzeugt, dass das, wovor du dich fürchtest, die Fähigkeit hat, dir Schaden zuzufügen. Du glaubst also, dass die Finsternis Macht über dich hat. Wenn du dich vor irgendetwas Dämonischem fürchtest, schadest du damit der Autorität, die Gott dir gegeben hat.

Das bedeutet natürlich auch nicht, dass du dir jetzt einen Stapel der brutalsten Kinofilme besorgst, die du finden kannst, um sie in einem Rutsch zu schauen, in dem Versuch, deine geistliche Widerstandsfähigkeit zu testen. Es bedeutet lediglich, dass dies ein weiterer Lebensbereich ist, für den wir das Reden des Heiligen Geistes brauchen.

Die Kreuzzüge, die Spanische Inquisition, Sklaverei und die Unterdrückung der Frau sind nur ein paar wenige der schrecklichen Dinge, die im Namen der Bibel begangen wurden. Solltest du deswegen deine Bibel wegwerfen? Nein. Es geht darum, dass du in allem in deinem Leben auf die Stimme des Heiligen Geistes hören solltest. Ohne sie kann *alles* verdreht werden, aber mit ihr kann *alles* erlöst werden.

Eines Nachmittags, als ich mich im zweiten Jahr an der *Bethel School of Ministry* befand, war ich einmal allein in meiner Wohnung. Damals schrieb ich auch an der ersten Fassung dieses Buches. Der Prozess war, gelinde gesagt, steinig. Ich hatte bereits in ganz jungen Jahren Spaß am Schreiben, aber am liebsten hatte ich immer Romane geschrieben. Die Geschehnisse meines Lebens auf eine interessante Weise darzustellen, stellte sich für mich als wesentlich schwierigeres Vorhaben heraus, als ich erwartet hatte. Frustriert setzte ich mir die Kopfhörer auf und ging im Wohnzimmer auf und ab.

Als ich durch die Musik auf meinem Smartphone scrollte, fiel mir eine Band auf, die ich gerne während meiner Highschool-Zeit gehört hatte. Es war keine christliche Gruppe, und sie hatten einen Hang dazu, ihre Texte mit Fluchwörtern und radikalen politischen Ansichten zu unterstreichen, die den meisten meiner persönlichen Werte nicht entsprachen. Aber etwas an ihrer ehrlich ausgedrückten Frustration verminderte meine Unfähigkeit, Worte auf das Papier zu bringen.

Ich fuhr fort, in meinem Wohnzimmer auf und ab zu gehen und hörte der Band zu, die dann ihren ersten Refrain sang. Der Text handelte von sozialer Kontrolle und Regierungsverschwörungen – Themen, über welche die meisten guten Christen die Nase rümpfen würden, besonders wenn sie auch noch von wild gezogenen Gitarrenakkorden begleitet sind und wütende Texte ins Mikrofon geschrien werden. Trotzdem konnte ich nicht anders, als ihre Worte wie den verzweifelten Schrei in einem von Davids dunkleren Psalmen zu hören.

Die Mitglieder dieser Band waren sich zwar nicht bewusst, dass sie Gott anriefen, eine Änderung in die sozialen Strukturen ihres Landes zu bringen, aber Gott hörte sie trotzdem. Und ich konnte spüren, wie sein Herz antwortete.

Plötzlich verschwand die Welt um mich herum. Gerade hatte ich noch kleine Runden in meinem Wohnzimmer gedreht, und im nächsten Moment stand ich schon in der Mitte einer Wüstenebene. Obwohl die geistliche Welt normalerweise so klar wie im Wachbewusstsein vor mir erscheint, habe ich selten eine Vision, welche meine Fähigkeit, die physische Welt zu sehen, überblendet. Tatsächlich war dies erst das zweite Mal, dass ich unfähig war, etwas anderes zu sehen als das, was Gott mir zeigte.

Ich sah eine Frau mitten in der endlosen Leere stehen. Sie trug ein langes, fließendes Kleid aus mehreren Lagen Stoff in variierenden Schattierungen von Blau und Weiß. In ihrer Hand hielt sie einen weißen Stab. Finsternis ergoss sich über den Horizont – ein schwarzes Tuch begann sich von dort aus über die sonnengebleichte Erde auszubreiten. Die Frau kniete nieder und presste ihr Gesicht auf den rissigen Grund.

Als sich die Finsternis näherte, wurde klar, dass es sich nicht um eine undefinierbare Masse handelte, sondern um Hunderttausende von Dämonen jeder Größe und Gestalt. Riesige, vierbeinige Ungeheuer waren umgeben von dutzenden kleineren Kobolden und Ghulen. Die Luft füllte sich zusehends mit bedrohlichen, geflügelten Kreaturen, die den bewölkten Himmel noch zusätzlich verdunkelten.

Die Frau blieb völlig ruhig, als das Meer blutunterlaufener Augen und knirschender Zähne vorwärtsmarschierte und die Wüste mit Wogen der Finsternis bedeckte.

Ohne Vorwarnung kam der Pulk ungefähr fünfzig Meter vor ihr zum völligen Stillstand. Auf halbem Weg zwischen der dämonischen Front und der Frau in Blauweiß, stand ein Mann mit blauem Feuer auf den Schultern und schaute in Richtung der Front. Ich hatte keine Ahnung, ob er gerade gekommen war oder schon die ganze Zeit dort gestanden hatte, da ich zu sehr auf die Frau fokussiert gewesen war.

Obwohl die Vision meine ganze physische Umgebung ausblendete, drang die Musik von meinem Smartphone noch immer in meine Ohren, klarer als je. Doch es entstand eine dramatische Pause, als die dämonische Armee dem in Flammen stehenden Mann gegenübertrat.

Genau in dem Moment, als die Musik wieder in voller Lautstärke dröhnte, stürmte der Mann gegen die dämonischen Horden. Ein drei Meter großer, affenartiger Dämon beugte sich mit geiferndem, aufgesperrtem Rachen aus der Menge vor, um den Angreifer zu verschlingen. In einem einzigen Fluss von Musik und Bewegung, lief das Feuer von der Schulter des Mannes dessen rechten Arm hinunter, erstarrte zu einem gleißenden, blauen Schwert und spaltete den Rachen des Affendämons in zwei Teile.

Was nun folgte, war die dramatischste Darstellung einer Schlacht, die ich jemals gesehen hatte. Drehend und wirbelnd, schneller als meine Augen folgen konnten, schlug der Mann Dämon nach Dämon mit unvorstellbarer Effizienz und Geschwindigkeit. Sogar die schwarzgeflügelten Biester, die vom Himmel herabstießen und nach ihm schnappten, wurden taumelnd auf den trockenen Boden befördert, leblos und blutend. Die Dämonen fielen zu Hunderten, aber Tausende folgten nach und kletterten über die wachsenden Berge von Körpern.

Schritt für Schritt musste der Mann mit dem Schwert zurückweichen, bis er neben der knienden Frau stand. Zum ersten Mal wandte sich der Mann um und schaute sie an. Als wäre es das gewesen, worauf die Frau gewartet hatte, ergriff sie seine Hand – und ganz plötzlich wendete sich das Blatt.

Hand in Hand steuerten die Frau mit dem Stab und der Mann mit dem Schwert durch die Masse von Dämonen wie eine Kettensäge durch ein Papiertaschentuch. Was für den Mann allein ein verzweifelter Kampf gewesen war, war gemeinsam mit der Frau ein eleganter Tanz. Weiße Blitze und blaue Strahlen schnitten so heftig durch die dämonische Armee, dass ich zeitweise davon ganz geblendet war.

Die Musik in meinen Ohren und der Kampf vor meinen Augen bewegten sich in makelloser Einheit, ein perfekt arrangierter Soundtrack zu diesem herrlichen Ballett der Dämonenvernichtung. Schließlich fiel auch der letzte Dämon. Zum ersten Mal brach die Sonne durch die dunklen Wolken. Und dann war der Song vorbei. Mein bescheidenes Wohnzimmer kehrte in mein Blickfeld zurück, als die letzten Töne verklangen.

Ich verstand weder, was ich gesehen hatte, noch warum ich es gesehen hatte. Meine Muskeln waren angespannt und mein Herz schlug, als hätte ich gerade einen Marathon beendet. Ich war gerade dabei, mich zu beruhigen, als der Song von Neuem startete. Ich hatte nur einen Moment, um mich zu fragen, ob ich vielleicht auf Repeat gedrückt hatte, bevor die Vision zurückgeflutet kam.

Der ganze Film spielte sich wieder vor meinen Augen ab, Moment für Moment und Note für Note. Nachdem es herum war, drückte ich noch einmal die Play-Taste, um zu sehen, ob es funktionieren würde. Und wieder sah ich die komplette Vision.

Die Band schrieb Protestsongs gegen ein System, das sie als ungerecht und korrupt ansah. Mir wurde klar, dass die Vision eine Darstellung der Wahrheit war, nämlich dass der einzige Weg, wie die Band ihr scheinbar unerreichbares Ziel einer sozialen Reform erreichen konnte, durch die Beziehung zum Heiligen Geist möglich war.

Obwohl der Schwertkampf des Mannes gegen den dämonischen Ansturm ein heldenhafter war, blieb es nicht länger ein Kampf, sobald er mit der Frau gemeinsame Sache machte. Das gab mir augenblicklich ein neues Mitgefühl und Verständnis für die Mitglieder der Band, wie auch eine neue Sicht für meine eigenen unerreichbaren Aufgaben.

***

Unglücklicherweise tendieren wir als Christen dazu, alles, was wir *in* der Welt sehen, auch als *von* der Welt zu sehen. Die Wahrheit ist, dass Menschen kompliziert sind. Sie sind nicht einfach nur schlecht oder einfach nur gut. Kunst transportiert die gleiche geistliche Komplexität wie ihre Schöpfer. Ich halte es für geistlich unreif zu behaupten, dass irgendein kreatives Werk, das nicht perfekt mit unserem Glaubenssystem übereinstimmt, verworfen oder gemieden werden sollte. Genauso unreif wäre es, unsere eigene Überzeugung zu ignorieren und alles einfach zu übernehmen.

Das Problem beginnt, wenn wir nur oberflächlich schauen, sowohl geistlich als auch physisch. Ich hätte auf einige geistliche Aktivitäten schauen können, die vom Musikstil der Band oder vom Inhalt ihres Songs ausgehen, und entscheiden können, dass er eine hassvolle Tirade offensichtlicher Angst ist. Doch trotzdem zog es Gottes Liebe in das Herz hinter die Musik, so wie es Jesus zu den Zolleintreibern und Prostituierten zog – und zwar nicht, weil er sie als Schund auf der Suche nach einem Schatz sah, sondern als einen unter wertlosem Schund verborgenen Schatz.[2]

In Bezug auf die Dinge, die in unsere Augen und Ohren gelangen, kommt es nach meiner Ansicht dann zu wahrer Reife, wenn wir lernen, das Fleisch zu essen und die Knochen auszuspucken. Oder, um es biblisch auszudrücken, wenn wir die Spreu vom Weizen trennen. Auf diese Weise werden wir nicht den gleichen Fehler machen wie die Pharisäer und uns über Jesus ärgern, wenn er auf eine unerwartete Weise kommt.

Mächte, Fürstentümer usw.

Als ich vierzehn war, fuhr ich mit meinen Eltern zu einer Prophetiekonferenz in Jacksonville (Florida). Wir kamen spät am dritten Abend an und traten ein, als der Lobpreis schon begonnen hatte. Die Band hatte sich in einem weiten Bogen aufgestellt und ließ einen ansehnlichen Patz in der Mitte der Bühne frei, wo ein riesiger Löwe lag. Er aalte sich im strahlenden Lobpreis des Teams und der Teilnehmer. Er war bestimmt dreimal so groß wie ein Löwe der afrikanischen Savanne, und das Gefühl des Friedens, das von ihm ausging, entsprach seinen Ausmaßen.

Nach ein paar Minuten Lobpreis bemerkte ich eine Glastür auf der linken Seite der Bühne, über der ein grünes Exit-Schild leuchtete. Ein Mann stand direkt vor der Tür, über sich den massiven Kopf eines schwarzen Drachens, der in das Gebäude hereinstarrte. Angst durchströmte meinen Körper, als ich in das Gesicht des Drachens blickte, das bestimmt so groß wie eine Limousine und von Hörnerreihen gesäumt war. Instinktiv wandte ich mich dem Löwen zu. Mit einem trägen Drehen seines Kopfes schaute dieser mich an, dann hinüber zu dem Drachen und wieder zurück zu mir.

Wie wenn ein Kind seine Eltern bittet, ihm ein Glas Wasser zu holen, und diese seufzend darauf eingehen, stand der Löwe auf und schlenderte auf den Drachen zu. Anscheinend hatte der den

---

[2] Englisches Wortspiel, wörtlich: „This was not because He saw them as trash in need of treasure. It was because He saw them as treasure hidden beneath the trash."

Löwen nicht kommen sehen, denn er hatte seine Augen auf die Leute im Raum geheftet. Der Löwe ging bis direkt unter das schwarze Monster, machte einen kleinen Hopser und riss einen Brocken aus dessen Nacken.

Der Drachen krümmte sich vor Schmerz, und Blut schoss aus seiner Wunde. Sofort zog er den Kopf aus der Tür. Der Löwe kehrte zu seinem Platz auf der Bühne zurück und warf mir noch einen beruhigenden Blick zu, bevor er sich wieder fallen ließ, um sich weiterhin im Lobpreis zu sonnen. Das zeigte mir, dass er sich nur deshalb erhoben hatte, weil er wollte, dass ich mich besser fühlte.

Ein Blick zur Tür bestätigte mir, dass der Drache weg war, zusammen mit dem Mann, der ihn begleitet hatte. Durch ein Mitglied der Konferenzorganisation erfuhr ich später, dass verschiedene Leiter aus der okkulten Szene der Stadt gedroht hatten, die Konferenz zu verfluchen.

Das ist nur ein Beispiel, aber je älter ich werde, desto mehr wird mir klar, dass es Zeitverschwendung ist, sich um irgendetwas zu sorgen, das Gott keine Sorgen macht.

Ein Fürstentum ist nach meiner Definition eine dämonische Macht über einer bestimmten geographischen Region. Manchmal versuchen sie ein Gebiet mit einer spezifischen, negativen Eigenschaft zu unterdrücken, wie z. B. finanziellem Ruin, Perversion oder Uneinigkeit. Aber das ist nicht immer der Fall. Dämonen sind meiner Erfahrung nach Opportunisten. Sie suchen nach den Sprüngen in unserem Selbstbild, unseren Haltungen und unseren Überzeugungen. Dann schnüffeln sie darin herum und versuchen diese noch zu vergrößern. Das gilt sowohl für die persönliche als auch für die kulturelle Ebene. Ich glaube nicht unbedingt, dass dämonische Fürsten grundsätzlich eine ganz bestimmte schlechte Eigenschaft innehaben; ich glaube, sie schauen nach dem aus, was verkehrt ist, und versuchen es schlimmer zu machen.

Ich glaube auch nicht, dass ein bestimmtes Gebiet oder Land voller Armut ist, weil ein Fürst der Armut die Herrschaft darüber genommen hat. Vielmehr gehe ich davon aus, dass eine Kultur der Armut sich im Kleinen zu entwickeln beginnt, vielleicht mit nur ein paar Leuten oder aufgrund ein paar unglücklicher Umstände – einer schlechten Ernte, einem Feuer, ein paar schief gelaufenen Geschäften. Ein dämonischer Fürst, der eine solche Gelegenheit bemerkt, könnte anfangen, Lügen in die Ohren derer zu flüstern, die aufgrund solcher Geschehnisse einen Verlust erfahren haben. Er würde wohl auf diese und jene Situation deuten und sie als Beweis nutzen, um damit langsam die Hoffnung der Leute hinwegzuschmelzen. Bald darauf könnten die Leute beginnen, das einfach als normal zu akzeptieren: „So ist es halt – da kann man nichts machen!" Auf diese Weise trägt das Fürstentum dazu bei, dass eine Kultur entsteht, in der Armut normal ist.

Du magst nun denken: „Was ist der Unterschied? Wenn ein dämonischer Fürst da ist, dann ist er da. Was spielt das für eine Rolle, wie er kam?" Ist ein Fürstentum der Armut in meine Stadt eingefallen und hat ein wirtschaftliches Desaster verursacht, bin ich machtlos und kann es nicht aufhalten, außer dass ich es mit Gebeten unter Beschuss nehmen und dann das Beste hoffen kann.

Wenn sich aber ein dämonischer Fürst in meine Stadt eingeschlichen hat und eine ungesunde Denkweise, die bereits bestand, verstärkt und dadurch zur Gewohnheit gemacht hat, dann habe ich auf einmal viel Macht. Warum? Ganz einfach: Wenn er sich einschleichen und langsam Einfluss und Autorität gewinnen musste, hatte er folglich zunächst keines von beiden, sondern er musste sie stehlen. Und von wem, glaubst du, hat er sie wohl gestohlen?

***

Einmal befand ich mich an der Gebetskapelle der *Bethel Church* in Redding (Kalifornien). Die Gebetskapelle ist ein separates Gebäude oben auf einem Hügel, umgeben von einem entzückenden Wandelgarten. Ich spazierte gerade darin, als ich mich auf einmal dazu veranlasst sah, in der Nähe eines Baumes stehen zu bleiben, von dem aus man einen Blick zum Eingang des Bethel-Campus' hat. Während ich dort einfach so stand, fiel ohne Warnung ein dämonischer Fürst direkt vor mir aus dem Himmel.

Er hatte einen langen Hals und einen massigen Körper mit einem dicken Schwanz. Von Kopf bis zum Schwanz maß er bestimmt um die fünfzig Meter. Sein Kopf landete direkt vor meinen Füßen, während sein langer Hals und sein blasser Körper sich über den ganzen Hügel hinunter erstreckten.

Ich sah empor und fragte: „Gott?"

Augenblicklich begann die Kreatur sich zu winden und zu schrumpfen. Sie wurde immer kleiner, bis sie sich nur noch wie ein fahles, mageres Wesen in Fötusstellung vor meinen Füßen zusammenrollte.

Ich hörte es murmeln: „Töte mich nicht! Bitte, töte mich nicht!"

Ich schaute wieder nach oben. „Was ist das?"

Gott antwortete: „Das ist ein Fürst der finanziellen Unterdrückung."

„Alles klar! Was also soll ich tun?"

„Weise ihn zurecht und schicke ihn fort!"

Ohne wirklich darüber nachzudenken, was ich sagen würde, schaute ich auf den blamierten Dämon und sagte: „Ich verbiete dir, mich oder meine Familie jemals wieder anzutasten!" Er anerkannte den Befehl unter Zähneknirschen.

Da heulende Fürsten keine angenehme Gesellschaft sind, kehrte ich um und machte mich auf den Weg zurück zu meinem Auto. Ich hatte erst ein Dutzend Schritte gemacht, als ich ein tiefes Brüllen hinter mir hörte. Ich drehte mich wieder um und sah, wie der dämonische Fürst zu seiner ursprünglichen Größe anschwoll und hinter mir den Pfad hinauf stampfte. Als er seinen Hals ausstreckte, sein geiferndes Maul weit aufgerissen, kam ein schwarzer Strahl aus dem Himmel. Der Kopf des Fürsten sprang von seinem Hals, als wäre er von einer Feder abgeschossen worden, und flog in hohem Bogen an meinem linken Ohr vorbei, während der schlaffe Körper nach rechts taumelte.

Sprachlos stand ich da, nicht gerade gewohnt, von einem dämonischen Fürsten angegriffen zu werden, schon gar nicht von einem, dessen Kopf soeben spontan von seinem Körper gesprungen war. An dem Punkt, wo der Fürst enthauptet worden war, stand ein Mann mit dem Rücken zu mir. Ich hatte nur einen Moment, das kunstvoll verzierte Schwert in seiner Hand zu betrachten, bevor es in einer blauen Flamme aufging, die seinen Arm hinauflief und auf seiner Schulter stehen blieb. Gerade, als ich mich fragte, wer der Mann wohl sei, drehte er sich um – ich stand mir selbst gegenüber und starrte mich an. Vielleicht sind meine Standards für Normalität anders als die der meisten Leute, aber selbst für mich war dies wirklich bizarr.

Dann hörte ich Gott sagen: „Du weißt gar nicht, welche Autorität du hast!"

***

Eines Sonntagabends war ich in einem Gottesdienst in Bethel. Ich war müde und hatte vor, nur für den Lobpreis zu bleiben. Sobald die Musik ausklang, griff ich meinen Mantel und bahnte mir einen Weg durch die Menge. Ich schaffte es, ungehindert von Freunden oder Bekannten aus dem Gebäude zu flüchten, wurde aber auf dem Parkplatz von etwas ausgebremst, das keines von beidem war. Als ich mich meinem Auto näherte, die Schlüssel schon in der Hand, erschien ein Biest vor mir. Es hatte die gedrungene, vierbeinige Gestalt eines Bären oder Dachses, aber die lange Schnauze eines Wolfes, und sein Maul war bestimmt so groß wie mein Jeep.

Wir standen einen Moment da und starrten einander an. Er hatte wachsame, gelbe Augen und seine Zähne waren zu groß für sein sabberndes Maul.

Ich beugte mich zur Seite, damit ich um seine Nase herumschauen konnte, denn es kam mir seltsam vor, seine Nüstern anzusprechen. „Und?", sagte ich.

„Ich schaue nur", antwortete er.

„Dann gehe ich halt", sagte ich und schlug einen Weg um seine massigen Schultern herum ein. Als ich mein Auto erreichte, war er weg. Ich dachte nicht viel über diese kurze Begegnung nach. Zu dieser Zeit war ich bereits zu dem Schluss gekommen, dass es meistens Zeitverschwendung ist, verstehen zu wollen, was es mit Dämonen auf sich hat. Ihre Taktiken und Worte enthalten so viele verschiedene Ebenen der Täuschung, dass es gewöhnlich genauso angenehm und gewinnbringend ist, über sie nachzudenken, wie einen verknoteten Stacheldraht zu entwirren. Es läuft sowieso immer auf das Gleiche hinaus: Stehlen, Töten und Zerstören. Ganz davon abgesehen ist Gott wirklich exzellent darin, die Pläne des Feindes aufzudecken, wenn es nötig ist.

Einige Monate verstrichen, bevor ich das Biest wieder sah. Es war ein wolkiger Mittwochnachmittag, als ich in Bethel ankam. Ich fuhr auf den geschotterten Parkplatz, wo ich den Dämonenfürsten schon einmal gesehen hatte. Nachdem ich meine Autotür verriegelt hatte, wandte ich mich der Kirche zu, nur um einen gigantischen Engel auf meinem Weg zu sehen.

Er war bestimmt drei Meter groß und von Kopf bis Fuß in eine glänzende, goldene Rüstung gekleidet. Er hatte einen breiten Hals und kräftige Hände. Ich könnte viel Zeit damit verbringen, die Juwelen zu beschreiben, die überall auf seiner schweren Rüstung angebracht waren, oder den massiven Goldspeer, der in seiner Hand wie ein Stab wirkte, für mich aber einem kleinen Baum glich. Aber am meisten erinnere ich mich noch an seine Augen.

Ich hatte nur für einen Moment den Mut hineinzuschauen, aber in diesem Augenblick sank eine gewichtige Herrlichkeit so tief in meine Seele, dass ich ihre Schwere noch immer nachempfinden kann. Seine Augen hatten Gott gesehen, und ich konnte Gott in ihnen spüren. Diese reflektierte Herrlichkeit war so erschreckend mächtig, dass meine Begegnung mit dem Biest dagegen wie das Treffen mit einem Hundewelpen im Park erschien.

Wenn ich Gott sprechen höre, vernehme ich selten einzelne Worte. Es landen eher unbearbeitete Informationspakete in meinem Kopf – manchmal Gefühle oder Gedanken eines ganzen Lebens – und mein Gehirn packt sie langsam aus. Auf diese Art sprach jetzt auch der Engel zu mir. Ich könnte diese Informationspakete ins Englische übersetzen, aber das fühlt sich oft so an, als würde ich ein Gedicht ohne dessen Rhythmus und Reim vortragen. Die Fakten kommen durch, aber die Bedeutungsschwere der ursprünglichen Offenbarung bleibt nur zum Teil erhalten. Vielleicht liegt dies nur an der Begrenztheit der menschlichen Kommunikation; oder möglicherweise liegt es daran, dass es besser ist, eine Offenbarung zu erleben als sie in Worten wiederzugeben.

Der Engel drehte sich weg, aber ich wusste, dass ich ihm folgen sollte. Ich ging schnell; für jeden seiner Schritte musste ich mindestens zwei machen. Wir kamen zu einem buschigen Areal hinter dem Parkplatz, wo ein großer Baumstamm gegen einen Felsbrocken gefallen war. Ein kribbeliges Angstgefühl begann von meinen Fußsohlen aus emporzusteigen, meine Beine hinauf- und in meine Brust hineinzukriechen. Ich wäre gerannt, hätte nicht zwei Schritte entfernt ein drei Meter großer Engel mit einem brennenden Speer gestanden.

Ich wollte den Engel gerade fragen, was ich da spürte, als ich die Quelle meiner Angst sah – ein Paar glühende, gelbe Augen glotzten unter dem Stamm hervor. In einem Blitz sprangen die Augen aus dem Schatten hervor, umgeben von einem verfilzten, schwarzen Fell und mit knirschenden Zähnen. Die zornige Masse sprang in die Luft und wurde mit einem Würgegeräusch zwei Zentimeter vor meinem Gesicht gestoppt. Eine geschrumpfte und schwächliche Version des Biestes, das vor ein paar Monaten meinen Weg blockiert hatte, landete als verknautschtes Paket vor meinen Füßen.

Als es keuchend dalag – viel kleiner, als es gewesen war, aber immer noch mit den Ausmaßen eines großen Hundes – bemerkte ich eine goldene Kette, die seinen Hals umschloss. Das andere Ende war um den Stamm des gestürzten Baumes gewickelt.

„Was ist das?“, fragte ich den Engel.

„Ein dämonischer Fürst, der für die Zerstörung der Studenten verantwortlich ist, welche die Schule verlassen.“

Nach ein paar Minuten der Stille verspürte ich die Freiheit zu gehen, wenn ich es wollte. Der Engel folgte mir, als ich ging.

„Er ist schwach“, sagte der Engel, während wir gingen, „und er weiß, dass seine Zeit kurz ist.“

Den Rest des Weges zurück schwiegen wir. Ich warf dem Engel einen letzten Blick zu, bevor ich den Schlüssel drehte, um mein Auto zu öffnen. Die kribbelnde Angst durchflutete meine Brust erneut, und ein bösartig knurrender Schatten schoss unter meinem Auto hervor. Zum zweiten Mal an diesem Abend erhoben sich ein offener Rachen und sabbernde Zähne vor meinem geschockten Gesicht.

Von irgendwo oberhalb wurde ein brennender Speer geworfen, der tief durch den fleischigen Rücken des Biests drang und es am Boden festnagelte. Mit einer einzigen Bewegung trat der Engel vor mich, schwang den Speer mit dem Biest in die Luft und schleuderte den Dämonenfürst zurück zu dem Klotz, an den er gekettet gewesen war. Zum zweiten Mal in dieser Nacht schaute ich dem Engel direkt in die Augen. „Er ist nicht glücklich darüber, seinen Platz zu verlieren", erklärte er mir, und dann war er fort.

Dämonische Fürsten verteidigen meiner Erfahrung nach ihr Gebiet bis aufs Messer und sind aggressiv gegen diejenigen, welche sie herausfordern. Ich kenne eine ziemlich hohe Zahl von Leuten, die sich genötigt fühlen, gegen diese dämonischen Mächte zu beten und in Fürbitte zu gehen, aber das ist etwas, wozu ich nie einen großen Hang hatte. Dämonische Fürsten, welche über eine bestimmte geografische Region herrschen, hinterlassen einen freien Thron, wenn sie abgesetzt werden, und mir scheint, du solltest nichts von einem Thron stoßen, wenn du nicht darauf vorbereitet bist, diesen wieder zu besetzen. Denke jetzt bitte nicht, ich würde dir raten, dich von ihnen einfach schikanieren zu lassen, oder dass ich dir empfehle, nicht zu beten. Ich bitte dich einfach nur, zu bedenken, was du betest.

Es liegt in der menschlichen Natur, dass wir uns lieber mit den Symptomen beschäftigen als sich mit dem zugrunde liegenden Problem, da die Beseitigung des Symptoms weniger Verantwortung erfordert. Wenn wir Kopfschmerzen haben, nehmen wir lieber eine Pille als dass wir sechs bis acht Gläser Wasser am Tag trinken und unseren Zuckerkonsum reduzieren. Wir kaufen lieber Diät-Cola und fettfreien Sauerrahm, als Früchte und Gemüse zu essen. Und es ist viel einfacher, den Bedürftigen etwas Geld hinzuwerfen, als eine Kultur zu entwickeln, die der Armut vorbeugt.

Dämonische Fürsten können nur dort bleiben, wo sie einen Platz zum Landen finden. Wenn man einen dämonischen Fürsten entthront, vertreibt man ihn zwar von seinem Platz, aber es ist viel sinnvoller und effektiver, das geistliche Ökosystem zu verändern, das ihn überhaupt erst angelockt hat. Wenn da ein Geist der Armut über deiner Stadt ist, sei großzügig. Wenn da ein Geist des Zorns ist, setze Frieden frei. Wenn da ein Geist der Homosexualität ist, setze die Identität in Christus frei. Wenn da ein Geist der Furcht ist, setze Liebe frei. Das mag dir viel zu wenig erscheinen, wenn du auf die Probleme starrst, denen wir alle gegenüberstehen, aber das ist genau der Punkt. Dämonische Fürsten wollen uns ein Gefühl der Bedeutungslosigkeit vermitteln. Jeder Schritt, den wir, einzeln oder gemeinschaftlich, in Richtung einer Kultur tun, welche nach dem Königreich Gottes gestaltet ist, ist ein Sieg. Es ist *möglich*, einen dämonischen Fürsten durch Gebet abzusetzen, aber es ist *unmöglich*, dass ein dämonischer Fürst in einer Kultur bleibt, die ihm keinen Raum gibt.

TEIL II

Kapitel 3

Meine Geschichte, Teil 2

Es lief gut für mich. Ich besuchte eine Gemeinde, die über das Wachsen in den Geistesgaben lehrte, und meine Eltern sowie die Gemeindeleiter waren sich der Dinge bewusst, die ich sah. Außerdem war es schön zu wissen, dass ich nicht komplett verrückt war. Ich musste nur noch lernen, meine Gaben gut zu nutzen.

Ich begann klein. Unsere Gemeinde hatte ein wöchentliches prophetisches Treffen, bei dem die Teammitglieder dreißig Minuten damit verbrachten, jede Woche über einer neuen Person zu prophezeien. Ohne es zu wissen, war der Besuch dieser Treffen das Beste, was ich für mich selbst tun konnte. Im Geist zu sehen ist so gut wie wertlos, wenn du die Stimme Gottes nicht hören kannst.

Ich lernte schnell, dass es keinen großen Unterschied zwischen dem Prophetischen und dem Sehen im Geist gab. Manchmal kamen Leute mit Schnitten und Blutergüssen auf ihrem Gesicht. Wenn dann prophetische Worte über ihnen ausgesprochen wurden, bildete sich flüssiges Licht in der Luft, welches die Schnitte verschloss und die blauen Flecken auflöste. Manchmal prophezeite ein Mitglied des Teams zum Beispiel einen neuen Lebensabschnitt und beschrieb dazu die Vision eines blühenden Baumes. Als die Worte gesprochen wurden, sprossten frisches Gras und Blumen aus dem Teppich, wo der Empfänger des Wortes stand. Es war schwer zu sagen, ob diese Dinge gesprochen wurden, weil sie im Geist bereits da waren, oder ob sie im Geist erschienen, weil sie gesprochen wurden.

Ich lernte eine Menge darüber, wie Gott denkt. Ich kannte Gott schon, solange ich mich erinnern konnte, aber nun konnte ich zum ersten Mal *sehen*, was ich wusste – wie seine Güte sich im Leben seiner Kinder manifestierte. Es fühlte sich gut an, die Augen aufleuchten zu sehen, wenn ich ihnen erzählte, wie ihre Engel aussahen. Es machte Spaß zu beschreiben, was der Heilige Geist tat, wenn er Leute dazu brachte, dass ihre Hände zitterten. Und ich wurde nicht müde, den Leuten zu erzählen, was während des Lobpreises geschah.

Trotzdem war es nicht immer einfach. Das Sehen im Geist ging mit einer unerwarteten Verantwortung einher. Jeder Engel, den ich beschrieb, zog ein Dutzend Fragen nach sich, und jede Frage, die ich beantwortete, warf wiederum ein Dutzend neue auf.

Da ich eher introvertiert bin und die Dinge innerlich verarbeite, war mir all die Aufmerksamkeit, die meine Gabe auf sich zog, unangenehm. Leute, die dreimal so alt waren wie ich, luden mich zum Essen ein, um mit mir über das zu reden, was ich sah. Ich wurde regelmäßig mit tiefen philosophischen Fragen über die Natur des Universums bombardiert. Einmal wollte ein ortsansässiger Professor sogar, dass ich sein Labor besuche, um ein paar Tests mit mir zu machen. Das war etwas viel für einen Dreizehnjährigen.

Einer der prophetischen Leiter der Gemeinde nahm meine Mutter und mich unter seine Fittiche. Er sah zwar nicht auf die gleiche Weise wie ich, war aber prophetisch sehr begabt. Das meiste von dem, was ich so sah, gab ich ihm testweise weiter, und er tat sein Bestes zu verstehen, was es bedeutete und was ich damit anfangen sollte. Ich lernte eine Menge, aber nach einigen Monaten kamen einige unglückliche Dinge ans Licht. Der Leiter, den ich mittlerweile als meinen Mentor betrachtete, hatte Probleme mit Alkohol und Homosexualität und tendierte zu New Age. Er wurde aufgefordert, seine Position in der Gemeinde aufzugeben.

All dies über meinen Mentor zu erfahren, war so ähnlich, wie wenn man mit einem Baseballschläger aus einem Tagtraum gerissen wird. Zweifellos war er begabt, aber ich wusste nicht, wo die Grenze zwischen seiner göttlichen Gabe und seinem sündigen Verhalten verlief, was mich dazu veranlasste, alles in Frage zu stellen, was ich unter seiner Leitung gelernt hatte. Ich fühlte mich verloren und verwirrt und zog mich mit meinen Gaben in mich selbst zurück.

Ich wusste nicht, mit wem ich über die Dinge, die ich sah, hätte sprechen können, zum einen, weil die Verletzung durch meinen ersten Vertrauten noch unverheilt war, und zum anderen, weil ich erst dreizehn war. Ohne jemand, mit dem ich mich austauschen konnte, obwohl ich täglich mit neuen Wesen und Visionen konfrontiert wurde, die vor meinen Augen erschienen, wandte ich mich der einzigen mir bekannten Person zu, von der ich wusste, dass sie ganz sicher mit dem geistlichen Bereich vertraut war, nämlich Gott.

So war es wesentlich einfacher. Ich saß ganz hinten in der Kirche und beobachtete die Engel, wie sie Glaskrüge mit verschiedenfarbigen Ölen zu den Dachsparren hinauf transportierten. Sie stellten hoch droben die Krüge in langen Reihen auf den Balken auf und warteten geduldig auf eine Art Signal.

Wenn ich ruhig dasaß und solche Vorgänge beobachtete, während ich mit der Gegenwart des Heiligen Geistes verbunden war, erschloss sich der Sinn dieser Dinge schon durch einfaches Hinsehen. Es war, als würde Altvertrautes wiedererweckt. Ich wusste, dass die Engel den Gebetsdienst vorbereiteten und auch, dass sie begeistert waren. Ich wartete darauf, dass sie abwechselnd mit ihren leuchtenden Ladungen im Sturzflug auf die Menge niederschossen, und wenn es geschah, schienen sie genau zu treffen.

Genauso hätte es sich wohl angefühlt, wenn ich als Kind Football spielen gelernt hätte, anschließend in der Jugend aber keine Möglichkeit gehabt hätte, ein Spiel auch nur anzuschauen, und dann als Erwachsener wieder eines gesehen hätte. Ich wäre wahrscheinlich nicht in der Lage, die Regeln des Spiels aufzuschreiben oder die Rollen der Spieler zu benennen, aber eine gewisse Vertrautheit würde etwas von dem Sinn all dieses Rennens und Werfens ans Licht bringen.

Ich glaube, dass wir alle im Bild Gottes geschaffen wurden. Wir sind dazu bestimmt, ihn und die Art, wie er spricht, zu verstehen. Obwohl viele der Dinge neu für mich waren, begann ich schnell zu verstehen, dass Gott mir alles gegeben hatte, um den Sinn dessen, was ich sah, erfassen zu können. Ich musste nur geduldig genug sein, mich von ihm lehren zu lassen.

Vision für Vision baute ich mir ein geistliches Vokabular auf. Ein Schlangenwesen, das jemandes Hals umschlang, zeigte mir, dass diese Person einem manipulativen Menschen erlaubt hatte, sie zu kontrollieren. Ein großer, blonder Engel, der im Gang an mir vorbeikam und ein dickes Gewand in den Farben des Nachthimmels trug, bedeutete für mich, dass jemand eine Gabenübertragung von Weisheit bekommen würde. Ein Blitz, der während des Lobpreises einen Mann in der ersten Reihe traf, würde ihm einen Lachanfall bescheren. Ich wusste, dass dies alles Gott war, der seine Güte freisetzte. Das meiste von dem, was ich sah, bekam sozusagen durch „Osmose" Sinn für mich. Das Was verstand ich schon beim Sehen; das Warum erforderte den Dialog mit Gott.

Unsere Gemeinde hielt jedes Jahr eine Lobpreis-Wochenendkonferenz ab. Glücklicherweise waren wir reich an talentierten Lobpreisleitern, sodass es nicht schwer war, alle zweiundsiebzig Stunden durchgängig mit Anbetung zu füllen. Die meisten der erfahrenen Leiter übernahmen die Tagesschichten, während die weniger souveränen Anbetungsleiter und die Jugendbands in den Dämmerungsstunden spielten. Da meine Eltern im Mitarbeiterteam waren, verbrachte ich einen großen Teil des Wochenendes im Lobpreisraum. Ich hatte mich entschieden, am ersten Abend bis Mitternacht zu bleiben, weil einer meiner Freunde von halb zwölf bis eins leiten würde.

Ich nahm meinen üblichen Posten an der hinteren Wand des Gottesdienstraumes ein und beobachtete ungefähr ein halbes Dutzend Engel, welche sich entspannt um die drei Leute herumbewegten, die das Publikum ausmachten. Die sanften Töne von den abgenutzten Saiten der alten Gitarre meines Freundes verdichteten sich in der Luft zu einem weißen Nebel, der durch die Flugbewegungen der Engel hin und her geschoben wurde. Es war nicht besonders dramatisch oder interessant, aber genau die Art von entspannter Stimmung, die man sich wünscht, wenn es auf Mitternacht zugeht.

Aus keinem bestimmten Grund entschied ich mich zu beobachten, wie auf dem Scheitelpunkt der Uhr an der hinteren Wand der Minutenzeiger auf den Stundenzeiger traf. Genau in dem Moment, als die Uhr zwölf schlug, wurde ich gegen besagte Wand geschleudert.

Ich war nie jemand gewesen, der regelmäßig die physische Manifestation von Gottes Gegenwart erlebt hatte. Nicht, dass ich niemals unter dem Einfluss des Geistes gezittert hätte oder niedergefallen wäre, aber es geschah nicht oft. Doch in dem Moment, als der Freitag während dieser sanften Anbetungs-Session auf den Samstag wechselte, fand ich mich selbst machtlos gegen diese unerwartete Schwere der Herrlichkeit.

Es fühlte sich an, als wäre der ganze Raum mit einer Geschwindigkeit von fünftausend Kilometern pro Stunde nach vorne und oben geschossen – und die Beschleunigung nagelte mich an die Rückwand. Dieses Gefühl hielt ein paar Sekunden an, und dann begann die Decke wegzubrechen. Das Dach des Gebäudes brach auseinander, als würde ein Hurrikan es abschälen, und Wolken rauschten vorbei, als plötzlich die Wand hinter der Bühne einknickte.

Obwohl ich mich kurz davor fühlte, seitlich aus dem Gebäude geblasen zu werden, fuhren die Musiker auf der Bühne mit ihrem sanften Spiel fort. Die Wolken rauschten immer schneller vorbei. Anfangs waren sie so dunkel wie der Nachthimmel. Aber als wir höherstiegen, begannen sie goldenes Licht zu reflektieren. Obwohl ich die meiste Aufmerksamkeit darauf richtete, meine Fingernägel in die Wand hinter mir zu graben, wurde ich ganz von einem fernen, auf mich zukommenden Licht angezogen.

Bald wurde es schmerzhaft, in dieses Licht zu schauen, das von jeder Wolke aus jeder Richtung reflektiert wurde und mich blendete. So schnell, wie der Raum begonnen hatte, sich zu bewegen, kam er auch wieder zum totalen Stillstand. Ich spannte meinen Körper an, in der Erwartung, nach vorne geschleudert zu werden, wie wenn ein schnelles Auto plötzlich zum Halten käme. Stattdessen plumpste ich auf den Boden.

Nachdem ich die Fähigkeit zurückgewonnen hatte, oben von unten zu unterscheiden, brachte ich meine Füße unter mich und stand auf. Der Raum, welcher nun nur noch aus dem Boden und der Wand bestand, gegen die ich lehnte, kam am Rand einer riesigen, goldenen Stadt zur Ruhe. Gewaltige, strahlende Wolkenzüge, von einer unsichtbaren Lichtquelle entzündet, drifteten durch die kilometerhohen Gebäude und verliehen ihnen einen überirdischen Schimmer.

Eine solche Architektur hatte ich noch nie gesehen. Jedes Gebäude sah so aus, als sei es von einem vollkommen anderen Visionär entworfen worden, und trotzdem passten sie zueinander. Wahrscheinlich bestaunte ich ungefähr zehn Sekunden die Stadt, eine lange Zeit, um etwas anzustarren, das unglaublich schön war. Die Band zupfte weiter ihre einfache Melodie und ahnte offensichtlich nichts von dem Wunder, das sich hinter ihr abspielte – und war dennoch irgendwie ein vollkommener Teil davon.

Dann ein plötzlicher Ruck – und der Raum fiel zurück auf den Planeten Erde, sehr viel schneller, als er aufgestiegen war. Der Abstieg dauerte weniger als eine Sekunde, aber das war mehr als genug Zeit, um die absolute Schwerelosigkeit im Bauch zu spüren und das sanfte Flüstern Gottes in der Stille meines Herzens zu hören: „Ich kann nicht anders, als sie ganz nah zu mir zu ziehen."

Gott fand immer einen Weg, ein ganzes Leben voll Liebe in ein paar einfachen Worten auszudrücken. Es war weniger das, was er sagte, als wie er es sagte; und es war weniger die Art, wie er es sagte, als das Gefühl, das in meinem Herzen brannte, als er es tat. Alles, was ich sah – jedes einzelne Ding – war ein komplett neuer Blick auf dieselbe alles umfassende Liebe.

Wenn ich zum Beispiel eine Frau mit einem Herzen sah, das rundherum mit Stacheldraht eingewickelt war, und dann ein Licht vom Himmel kam und sie sanft einhüllte, wusste ich, dass Gottes Gunst ihr Herz gerade neu machte; aber mein Verstand konnte nur einen Bruchteil der Größe der Liebe erfassen, die sich gerade vor mir manifestierte. Die feinen Nuancen, mit denen das Licht jede infizierte Windung entwirrte und das fleischige Durcheinander löste, ließen eine Sanftheit erkennen, die mit bloßen Worten nicht zu beschreiben ist. Jedenfalls konnte ich nun verstehen, warum wir eine Ewigkeit damit verbringen würden, seine Güte zu bewundern. Es würde schon so lange dauern, die Freundlichkeit auch nur seiner leisesten Berührung zu erfassen.

Zu dieser Zeit wusste ich, dass die Dinge, die ich sah, eine viel größere Bedeutung hatten, als ich mit meinem jungen Verstand begreifen konnte. Vor allem dies war es, was mich veranlasste, meine Visionen wieder mitzuteilen. Doch es blieb weiterhin frustrierend. Die Leute waren schon von den banalsten Sachen des geistlichen Raums total fasziniert.

Nun gut, da drüben ist ein Engel, der jedem Dämon im Umkreis von fünfzehn Metern den Kopf abhaut. Aber reden wir lieber darüber, wie Gottes Hand diesen Anbetungsleiter berührt? Wie kann eine einfache Berührung so viel Zuneigung vermitteln?

Ich vermute, dass es ganz normal war. Ein Engel, der massenweise Dämonen massakriert, ist halt viel spektakulärer, als wenn Gott jemanden berührt. Trotzdem konnte ich das Gefühl nicht loswerden, dass ich es einfach nicht fertigbrachte, die tiefe Bedeutung hinter all dem zu kommunizieren.

Die Dinge, die ich sah, waren oft abstrakt, sowohl in der Bedeutung als auch in der Erscheinung. Aber das Verstehen, das mit dem Sehen im Geist einherging, fühlte sich für mich in meinem Verstand natürlich und einfach an. Wenn ich allerdings versuchte, es anderen zu erklären, war es so, als wollte ich jemandem, der sein ganzes Leben auf dem Mond verbracht hatte, das Wasser beschreiben.

Andere prophetisch begabte Leiter oder Gemeindeleiter versuchten Mentoren für mich zu sein. Aber ehrlich gesagt ließ ich keinen von ihnen wirklich ganz an mich ran. Sie ermutigten mich, das mitzuteilen, was ich sah; aber diese Flut an Aufmerksamkeit und offenen Fragen, die jedes Mal, wenn ich von einer Begegnung erzählte, auf mich einstürmten, frustrierten mich. Mit jedem Versuch wurde ich zögerlicher.

Die Leiter sahen dieses zögerliche Verhalten als etwas, das zu überwinden sei, und ermutigten mich weiter, die Dinge mitzuteilen. Aber da kein Versuch einen greifbaren Fortschritt brachte, begann ich ihren Enthusiasmus als unliebsamen Druck zu empfinden.

Im Rückblick denke ich, die eigentliche Frustration bestand darin, dass niemand wirklich wusste, was er für mich tun konnte; und ich hatte keine Ahnung, was ich eigentlich brauchte. Desillusioniert und frustriert, hörte ich langsam wieder ganz damit auf, über mein Sehen im Geist zu reden.

Zuerst sprach ich nicht mehr über die schlechten Dinge, was leicht war, denn darauf gab es sowieso kaum gute Reaktionen. Dann hörte ich auf, die Fragen der Leute zu beantworten. Viele waren darüber nicht erfreut, aber es war leichter, mit Enttäuschung umzugehen, als mit den endlosen, unmöglichen Fragen.

Nicht lange, und ich teilte die Dinge, die ich sah, nur noch mit, wenn Gott mich dazu aufforderte. Er musste es mir gewöhnlich zwei- oder dreimal sagen; und wenn ich die Grenze zum Ungehorsam so weit wie möglich gedehnt hatte, flüsterte ich es einfach dem Pastor ins Ohr und widerstand seinem Angebot, es auf der Bühne zu erzählen.

Trotz meines fast völligen Schweigens, sah ich täglich mehr und mehr, und Gott sprach weiterhin mit mir darüber. Das war tröstlich. Hier konnte ich derjenige sein, der die Fragen stellte, und er hatte stets die Antworten – oder er sagte mir zumindest freundlich, ich würde noch warten müssen, um es zu verstehen.

Ich versuchte so normal wie möglich durch die Junior-Highschool und die Highschool zu kommen. Meine sogenannte Gabe brachte ich nur ein, wenn es ansonsten direkter Ungehorsam gewesen wäre. Und so würde es für immer bleiben, dachte ich. Ich ahnte nicht, dass Gott andere Pläne für mich hatte.

Kapitel 4

Engel und Unendlichkeit

Heute war ich auf einer Party. Ich bin kein großer Fan von Partys, also saß ich dort auf einer Couch und bemühte mich, möglichst amüsiert auszusehen. Im Wesentlichen verbrachte ich die Zeit damit, die anderen Besucher zu beobachten.

Solche Situationen können kompliziert werden. Etwa drei Dutzend Leute wuselten dort miteinander herum, jeder mit seinem persönlichen Engel. Jeder dieser Engel tat für seinen Schützling Fürbitte und beschützte oder segnete ihn auf die jeweils passende und einzigartige Weise. Einige tanzten im Raum herum und beteten an, andere massierten ihren Leuten die Schultern und flüsterten Worte der Ermutigung in ihre Ohren, während wieder andere einfach nur dastanden und geduldig den unzähligen, sich überlagernden Unterhaltungen zuhörten.

Jede Person im Raum war von einem geistlichen Ökosystem, wie ich es nenne, umgeben. Dies ist in der Regel eine Kombination aus Gaben, Gedanken und Gottes Gegenwart – das geistliche Umfeld, welches durch das physische und gedankliche Leben entsteht und gepflegt wird.

Einige der Leute sahen aus, als seien sie in eine dicke Decke warmen Lichts gehüllt. Sie hatten Kronen auf ihren Köpfen und Schwerter in ihren Händen. Ein Bekannter von mir auf der anderen Seite des Raums war von Kopf bis Fuß mit dichtem, grünem Laub bedeckt und ein Ring fließenden Wassers wirbelte um seinen Kopf. Es wirkte befremdlich, bis mir einfiel, dass er Stunden damit verbrachte, allein in seinem Zimmer Anbetungsmusik auf seiner Gitarre zu spielen. Diese Art von Anbetung zieht immer das Leben an.

Die Luft schwirrte vor Gedanken. Unsicherheiten huschten durch die Luft wie schattenhafte Mäuse, die ein Loch zum Verschwinden suchten. Das allgemeine Knistern von Begeisterung und Freude schwebte über der Menge wie ein ruhiges Feuerwerk in Zeitlupe. Ich sah ein paar verstreute Sorgen über den Köpfen einiger Leuten – aufgeblasene Dollarzeichen und abstrakte Bilder von unbekannten Angehörigen; allesamt verräterische Zeichen von Geldproblemen bzw. Familiensorgen. Ein Mädchen streifte durch die Menge, dem ein riesiges, rauchiges Herz dicht auf den Fersen folgte. Jeder nicht erwiderte Blick und jede unbeholfene Begrüßung zerrte an dessen Form.

Es gab auch einige Dämonen, die sich ihren Weg durch die Schar bahnten – etwa sechs, was für eine Gruppe dieser Größe ziemlich normal ist. Sie haschten nach den unsicheren Gedanken und versuchten, Zugriff auf die Ängste zu bekommen, die ansonsten leicht überwunden oder ignoriert worden wären. Einer hatte sich am Rücken eines Mannes mittleren Alters angedockt und grub seine langen Klauen in den kahlen Teil von dessen Kopf. Vielleicht versuchte er, das Unbehagen zu steigern, das der Mann mitten in einer Gruppe meist jüngerer Leute wohl gefühlt hat.

Wie du siehst, gehört nicht viel dazu, damit dies sehr kompliziert wird – von dem Gedränge ganz zu schweigen. Rechne noch die Engel dazu, die nur so im Raum herumhingen, unabhängig von irgendjemand Bestimmtem, dann noch die flüssiggoldene Gegenwart Gottes, die sich im Rhythmus mit der Musik durch das Zimmer bewegte, dazu prophetische Worte, welche für die Leute vom Himmel in den Raum fielen, und all die verschiedenen Segnungen und Flüche, welche Teil der Gespräche der Leute waren, dann kannst du dir vorstellen, wie konfus das alles ohne die Führung des Heiligen Geistes wäre.

Wenn ich so viel auf einmal sah, war ich früher davon ganz überwältigt. Es war kaum möglich, das alles in meinem Kopf zu sortieren, geschweige denn darüber nachzudenken, wie ich darauf reagieren sollte. Mit der Zeit bekam ich immer mehr Erfahrung darin, dieses geistliche Gewimmel im Hintergrund verblassen zu lassen, sodass ich schauen kann, worauf der Heilige Geist mich aufmerksam macht.

Sofort zog der Mann links von mir meine Aufmerksamkeit auf sich. Ich kannte ihn gut genug, um ihn zu fragen, warum er sich um Geld sorgte, und er kannte mich gut genug, um zu wissen, dass ich dies um seinen Kopf herumschwirren sah. Wir hatten eine kurze Unterhaltung, die ehrlich gesagt seine Sorgen nicht komplett zerstreute, aber trotzdem war ich in der Lage, ihn zu ermutigen. Als wir sprachen, sah ich ein goldenes Paket mit einer breiten, roten Schleife durch den Himmel schweben. Es landete sanft oben auf seinem Kopf und blieb dort, solange ich ihn an diesem Tag sah. Ich hatte den Eindruck, es wartete darauf, dass er hinauflangte und es öffnete.

Die Worte, die wir im physischen Bereich sprechen, versetzen im geistlichen Bereich Berge oder verändern Schicksale. Hier, im physischen Bereich, ermutigst du jemanden und hilfst ihm damit dort, im geistlichen Bereich, aus der Grube zu klettern. Hier legst du jemandem die Hand auf die Schulter, womit du dort sein Leben segnest. Hier sprichst du ein einfaches Gebet, und dort empfangen die himmlischen Heerscharen ihre Kampfkommandos. Hier singst du ein schönes Lied, dort stehst du im Thronraum Gottes und preist den König der Könige. Hier wirfst du einen Scheck in einen Opferkorb, und dort legst du deine Krone zu seinen Füßen nieder. Auf der Erde betest du für eine kranke Person, und im Himmel bist du ein Miterbe mit Christus, der die Wohltaten seines Königreiches auf seine Kinder ausschüttet.

Menschen

Eine Person im Geist zu sehen, hat viel damit zu tun, ihre Persönlichkeit kennenzulernen. Du siehst einige Facetten und Schichten und denkst, dass du die Person ganz gut kennst, aber dann schälst du eine weitere Schicht ab und anschließend noch eine, nur um zu entdecken, dass du eigentlich noch gar nichts kennst.

Einmal reiste ich mit April, meiner späteren Frau, mit der mich damals noch keine feste Freundschaft verband, von Nordkalifornien aus zu ihren Eltern in Washington, um die Hochzeit eines Zimmerkameraden zu besuchen. Irgendwann stand sie in der Küche und sprach mit ihrer Mutter und ihrer Schwester, während ich mit ihren Brüdern auf der Couch vor dem Fernseher saß. Dabei tat ich mein Bestes, mich nicht so unbeholfen zu benehmen, wie ich mich fühlte.

Zu diesem Zeitpunkt kannte ich April seit gut drei Monaten, und ich dachte, ich würde sie gut kennen. An der Schule hatte sie ständig von ihrer Familie gesprochen – über all den Spaß, den sie während ihrer Kindheit hatte, und wie hart es sei, nun so weit weg zu wohnen. Diese ganzen Gespräche ergaben jetzt einen Sinn, wenn ich sah, wie sie lächelte, während sie bei ihrer Familie war. Unsere Augen trafen sich für einen Moment, vielleicht, weil sie mal schauen wollte, wie es mir geht, und in dieser Sekunde schmolz die Welt um mich herum.

Funken sprenkelten ihre Pupillen. Ich schaute genauer und wurde geradewegs in sie hineingesaugt. Was aus der Entfernung ausgesehen hatte wie Funken, stellte sich nun als Bilder heraus, die um mich herumschwirrten und funkelten, während ich wie benommen dastand.

Ein Bild von Wettkämpfern während eines Olympialaufs blitzte vor mir auf, gerade als ein braunhaariges Mädchen über die Ziellinie stürzte. Ein anderes Bild von demselben braunhaarigen Mädchen, das sich um einen Patienten kümmerte, anscheinend in einer Arztpraxis, kam von irgendwo hinter mir angeschwommen. Dann sah ich sie in einem weißen Kleid durch den Gang einer Kirche laufen, und ein Mann im Smoking, mit verborgenem Gesicht, wartete vorne auf sie. Da realisierte ich, dass ich Träume sah. Kinder, Weihnachtsfeste, Geburtstagspartys und hunderte, herzlich lächelnde Menschen, die ich nie getroffen hatte, sausten in jeder Richtung um mich herum.

Dann wechselten die Bilder von Träumen zu Erinnerungen. Ich sah eine Mutter, die ihr Kind tröstete, das ein aufgeschürftes Knie hatte; Freunde, die über einen Witz des braunhaarigen

Mädchens lachten; und Eltern, die sauer über ein unordentliches Zimmer waren. Die Erinnerungen flossen schneller und schneller vorbei. Sie kamen so rasch, dass ich kaum sehen konnte, um was es sich handelte, aber ich fühlte jede einzelne von ihnen. Gute, schlechte, peinliche, erschreckende, siegreiche, beschwingte, schmerzhafte, traurige und freudige – ein massiver Strom von Erinnerungen bewegte sich an meinen Augen vorüber.

Ich fühlte mich zuerst unbehaglich, wie jemand der unversehens mitten in eine offensichtlich private Unterhaltung geplatzt war. Aber diese Unruhe verblasste, als eine Liebe in mir zu brennen begann. Es war nicht dieses hibbelige Flattern, das durch deinen Bauch rieselt, wenn du sechzehn bist und ein hübsches Mädchen siehst, sondern vielmehr eine reine und ehrliche Verehrung. Es war eine Liebe ohne Forderungen. Ich musste ihr nicht näher sein. Ich brauchte keine Erwiderung meiner Liebe. Ich erwartete nicht, dass sie irgendetwas Großes erreichte. Ich brauchte es nicht, dass sie jemals wieder mit mir sprach. Die Liebe war von Anfang bis Ende vollkommen, so wie es gerade war.

Plötzlich war ich wieder im Wohnzimmer. Es fühlte sich an, als hätte ich für Stunden Träume und Erinnerungen beobachtet, aber als ich jetzt zurück war, realisierte ich, dass nicht einmal ein Moment vergangen war. Als ich zu dem echten braunhaarigen Mädchen hinüberschaute, die in der Küche mit ihrer Mutter lachte, spürte ich, dass die Liebe nur noch stärker wurde.

Ich sah sie nicht mehr nur als Person. Ich sah sie als die vollkommene Summe jedes Moments und jeder Erinnerung, die zu diesem Tag geführt hatten, und genauso auch als die komplette Erfüllung jedes einzelnen Traumes, der hinter ihren Augen verborgen lag. Ich stellte mir vor, dass dies wohl das Gefühl sein musste, das Eltern bei der Schulabschlussfeier ihrer Tochter verspüren oder bei der Hochzeit ihres Sohnes. Da erkannte ich, dass ich sie mit Gottes Augen sah.

Ein Jahr später machte ich ihr einen Heiratsantrag, und jeder Tag, von da an bis heute, ist ein Zeugnis dafür, wie gut eine einzige Entscheidung sein kann. Natürlich streiten wir auch ab und zu. Wir haben schlechte Tage. Ich sage dumme Sachen. Aber unabhängig davon, ob meine Gefühle verletzt sind oder ich sauer über etwas bin, das sie gesagt hat, kann ich nicht anders, als mich an den Tag zu erinnern, als ich erfuhr, wie sehr Gott sie liebt.

Es klingt nett und einfach, wenn ich es so formuliere. Tatsache ist, dass ich April nicht immer als die sehen kann, die sie ist. Fakt ist, dass wir, obwohl ich sie an diesem Tag in der Küche ihrer Eltern als die erkannte, die sie war, trotzdem ein Jahr brauchten, in dem wir vieles besprechen mussten und in dem es Kränkungen, Freude, Schmerz gab, bevor wir bereit waren zu heiraten. Ich sah alles, was ich brauchte, in einem Moment; aber ich werde den Rest meines Lebens damit verbringen, die Wahrheit dieser Offenbarung umzusetzen.

Manchmal sagen mir die Leute, dass sie sich davor ängstigen, im Geist zu sehen, weil sie befürchten, der Anblick des Dämonischen könne sie überwältigen. In Wirklichkeit ist es noch viel erschreckender zu sehen, wie sehr sich Gott um uns kümmert, so wie ich es bei April an diesem Tag sah. Gottes Liebe ist eine Liebe, die alles verändert, was sie berührt. Du kannst niemals mehr zurückgehen, wenn du sie einmal erlebt hast. Du wirst vergeben, wenn du es eigentlich gar nicht willst; Zorn aufgeben, bevor du bereit dazu bist; eine Freundschaft mit Leuten beginnen, neben denen du vorher nicht einmal sitzen wolltest – all das wird durch die tiefgreifende Offenbarung seiner unbeugsamen Liebe befeuert.

***

Menschen sind schwer zu beschreiben. Das trifft für das tägliche Leben genauso zu wie für das geistliche. Wir sind kompliziert, unsicher, misstrauisch, verletzt, zerbrochen, kleinlich, überheblich, schwach, stolz, krass, roh, gleichgültig, feige, hoffnungsvoll, tiefsinnig, erregbar, mutig, kreativ, schön, einzigartig, tiefgründig, weise, ausgelassen, glücklich – und trotzdem auf irgendeine Art nach dem Bild Gottes geschaffen.

Ich sitze zum Beispiel draußen in einem Café, umgeben von der Kühle eines wolkigen Septembernachmittags. Mein Essen braucht etwas länger, als mir lieb ist. Deshalb lenke ich mich damit ab, zwei Männer zu beobachten, die rechts von mir am Tisch sitzen, beide ungefähr Ende Fünfzig.

Sie tragen Bluetooth-Headsets, Poloshirts und Lederschuhe. Ihre Notizbücher und Papierblätter bedecken den größten Teil des Tisches. Ich kann ihre Unterhaltung gut genug hören, um zu wissen, dass es um Geschäftliches geht – einer versucht dem anderen eine Idee zu verkaufen. Ich nenne den einen einfach mal Hank und den anderen George.

Hank sieht einen Tick älter aus. Seine Haare sind schon grauer und seine Schuhe etwas altmodischer. Ich schätze, Hank versucht gerade eine Entscheidung zu treffen, ob er kaufen soll, was George verkauft, da eine Menge Gedanken um seinen Kopf herumsausen. Hinter ihm schwebt eine Waage, mit der Stücke aus grünem Stein und rohem Gold gemessen und gewogen werden. Er versucht herauszufinden, ob es ein gutes Geschäft für ihn wäre, wie es jeder tun würde, aber das ist nicht alles, was ihm durch den Kopf geht.

Ich sehe immer wieder das Bild eines jungen Mannes, der hier noch eine Rolle spielt, und im gleichen Moment weiß ich, dass es Hanks Sohn ist. An der sporadischen Art, wie das Bild immer wieder auftaucht, ist erkennbar, dass er sich Sorgen um seinen Sohn macht und dass dieses Geschäft irgendwie auch ihn betrifft.

Hank ist ein guter Mann, aber man muss nicht im Geist schauen, um das zu wissen. Tiefe Falten unter seinen Augen und auf den Wangen zeichnen ein Gesicht, das wie zum Lächeln geschaffen ist, während sowohl seine Haltung als auch seine Stimme auf ein freundliches, verlässliches Wesen hindeuten. Seine Hände glühen in einem sanften Orange, was mir zeigt, dass er ein mitfühlender und großzügiger Mann ist.

Auf seinem Rücken befindet sich ein Netz, gefüllt mit Spielzeug, Geld, Sportausrüstungen, Mobiltelefonen, Truthahngerichten und Zeit. Er liebt es, seine Familie zu beschenken und zählt auch jeden in seinem Umfeld zu seiner *Familie*.

George, der andere Mann am Tisch, hat scharfe Gesichtszüge und eine klare Stimme. Er sitzt mit vorgestrecktem Kopf da. Ein Dämon hockt auf seiner rechten Schulter – eine kleine und hinterlistige Fledermausgestalt. Sie hat ihre Hand in die Haut seiner linken Schulter versenkt.

Wie schweres Parfüm kommen süße Worte und vage Versprechen aus seinem Mund. Es sieht aus wie Rauchschwaden, die gefärbt und geschönt sind, damit sie wie frische Luft aussehen. Er versucht offensichtlich Hank zum Kauf zu animieren, was immer er auch verkaufen will, und gleichzeitig die weniger positiven Fakten zu verschleiern.

Auf den zweiten Blick bemerke ich jedoch, dass das Geschenkenetz schwer an Hanks Hals zieht – straffe Schnüre, festgeschnallt an angespannten Schultern. Ich stelle mir vor, dass Hank zu viel Verantwortung für andere übernimmt und nicht weiß, wie er seine Lasten an Gott abgeben kann. Eine schwarze Eisenklammer schneidet tief in sein rechtes Handgelenk ein, eine Kette reicht von dort bis zu seinem Portemonnaie in der Gesäßtasche. Er hat wahrscheinlich zu viel Arbeit auf sich genommen und fühlt sich schuldig, dass seine Familie darunter leidet. Der Feind ist dabei, seine Großzügigkeit in eine Falle zu verwandeln. Auf einmal kommen mir die Falten auf Hanks Gesicht mehr wie Stressfalten vor als wie die Folge eines lebenslangen Lächelns.

Ich schaue hinter Georges starkes und betontes Gehabe; einen kurzen Moment fange ich seinen Blick ein. In diesem Bruchteil einer Sekunde sehe ich, warum der Dämon so einen bequemen Platz auf seiner Schulter innehat. Ich sehe Georges Vater, einen reichen Firmeninhaber, über ihm stehen. George hatte ihn gefragt, ob er bereit wäre, in eine Geschäftsidee zu investieren.

Der Vater hatte seine Hand auf Georges linke Schulter gelegt und geflüstert: „Wenn ich mich von ganz unten nach oben hocharbeiten musste, dann gilt das auch für dich!" Er lächelte, als er die Hand hob und konnte das Loch nicht sehen, das seine Worte in Georges Schulter gebrannt hatten.

Dann sehe ich den Tag, an dem der Dämon kam. Das Loch hatte genau die richtige Größe für seine spindeldürre Hand.

Wenn ich mir das jetzt anschaue, kann ich sehen, dass die Wunde geheilt ist und dabei die Hand des Dämons in sich versiegelt hat. Nachdem ich dies nun realisiert habe und noch einmal auf die Worte aus Georges Mund schaue, sehen sie nicht mehr so aus, als ob er versuche, Fakten zu verheimlichen, um möglichst viel Geld aus Hank herauszupressen. Stattdessen sieht es eher so aus, als würde er befürchten, dass Hank nicht auf seine Idee eingeht; und die einzige Art mit Furcht umzugehen, die er je gelernt hat, ist Manipulation. Nun kann ich sehen, dass George eigentlich ein kluger Mann ist. Er hat ein Auge für kreative Pläne, von denen alle Parteien profitieren können. Sein Engel steht hinter ihm, die Arme voll mit Konzepten und Geschäftsplänen, alle mit goldener Tinte geschrieben.

Leute sind schwer zu beschreiben. Das war jetzt nur, was ich in den letzten paar Minuten über Hank und George gesehen habe. Ich kann sehen, wozu Gott sie geschaffen hat, und ich kann sehen, wie sie durch Verletzungen und Lügen verbogen wurden. Wer sind sie also? Ich kann mir vorstellen, dass sie an einigen Tagen das sind, wozu Gott sie geschaffen hat, und an anderen Tagen das Produkt von Schmerz und Enttäuschung sind. Aber die meiste Zeit sind sie wahrscheinlich ein wenig von beidem.

Unsere Aufgabe ist es, das Beste in allen Menschen um uns herum hervorzubringen, indem wir das Beste über sie glauben sowie im Zweifelsfall zu ihren Gunsten entscheiden und beständig nach Möglichkeiten der Ermutigung Ausschau halten. Denn wenn das Sehen im Geist mich etwas gelehrt hat, dann dass es genug Gutes in dieser Welt gibt, um hundert Prozent deiner Aufmerksamkeit zu beanspruchen, allerdings auch genug Schlechtes, um das Gleiche zu tun.

***

Früher arbeitete ich einmal in der Fleischabteilung eines Warenhauses im Norden von Atlanta. An einem Freitagabend war ich gerade dabei sauberzumachen und hatte ein Auge auf der Uhr, da es kurz vor Ladenschluss war. Da ich früh fertig war, entschied ich mich, den Rest der Zeit dafür zu nutzen, die großen Fenster zu putzen, die zur Ladenetage hin lagen. Meine anderen Arbeitskollegen waren bereits gegangen, worüber ich ganz glücklich war, da ich am leichtesten denken kann, wenn ich arbeite und keiner um mich herum ist.

Während ich die Fenster putzte, begann ich die Leute zu beobachten, die im Laden herumliefen. Ich habe noch nie jemanden getroffen, der keinen persönlichen Engel hat, und auch unter den Menschen, die in der Fleischabteilung unterwegs waren, gab es keine einzige Ausnahme.

„Wie kann jeder Mensch auf der Welt einen persönlichen Engel haben?“, wunderte ich mich, als ich die Wellen von Freitagabend-Einkäufern beobachtete, die sich ihr New Yorker Geschnetzeltes und ihren Rinderkammbraten holten. Es gibt bald acht Milliarden Menschen auf diesem Planeten – etwas mehr als vier werden pro Sekunde geboren und etwas weniger als zwei sterben in der gleichen Zeit.[1] Das sind eine Menge Engel für eine Menge Leute!

Als ich so über das riesige Wachstum der Weltbevölkerung nachdachte, kam ein Mann vor das Fenster und schaute sich die Steaks an. Er trug einen hübschen Pullover, der genau zu seiner schönen Jeans passte und von seinen feinen Schuhen komplettiert wurde. Er hatte eine reine, dunkle Haut, kurzgeschnittenes Haar und eine freundliche, selbstsichere Haltung – insgesamt eine runde Sache. Sein Engel war etwa 30 cm größer als er, mit einem schmalen und sanften männlichen Gesicht. Er schenkte mir keinerlei Beachtung, während er an der Seite seines Schützlings stand. Er trug einen blassblauen Mantel, der aussah, als sei er für das Reisen gemacht.

„Was geschieht, wenn ihr Schützling stirbt?“, fragte ich mich. „Schauen sie sich nach jemand anderem um? Oder werden sie zugeteilt?“

Der Engel bei dem gut gekleideten Mann schaute hoch, als hätte ich meine Gedanken laut ausgesprochen. Sobald sich unsere

---

[1] Vgl. www.worldometers.info/world-population und www.ecology.com/birth-death-rates/

Blicke trafen, wurde ich in eine Vision hineingezogen. Ich war mir zwar noch bewusst, dass ich in der Fleischabteilung stand und nahm auch noch meine Umgebung wahr, aber meine ganze Aufmerksamkeit war auf die lebendigen Bilder konzentriert, die durch meinen Kopf strömten.

Ich sah eine junge schwarze Frau bei der Entbindung – der Engel mit dem blauen Mantel stand an ihrer Seite. Es war ein perfektes Baby, ein Mädchen, und der Engel schaute genauso entzückt wie die Mutter. Ich konnte sehen, wie das Mädchen aufwuchs, sah ein Weihnachtsfest, an dem ihre Mutter es sich nicht leisten konnte, die Puppen zu kaufen, die das Mädchen gerne gehabt hätte, stattdessen besorgte sie einige Secondhand-Spielwaren vom Gebrauchtwarenladen. Ich sah auch, wie ihr Vater, wenn er mal anwesend war, meist schrie und trank. Der Engel war immer da, um sie zu halten, wenn die Tränen aus ihren Augen liefen, und um sie zu verbergen, wenn der Zorn ihres Vaters in physische Gewalt ausartete.

Ich beobachtete den Engel, wie er sie tröstete, als die anderen Kinder in der Schule sich über ihre Kleidung lustig machten, und wie er sie lehrte, wenn keiner da war, um ihr bei den Hausaufgaben zu helfen. Ich hörte ihn lachen, als sie das Fahrradfahren lernte, und sah ihn weinen, als sie das erste Mal Drogen nahm, um die Wunden zu betäuben, die von ihrem Vater stammten.

Der Engel war bei ihr, als sie im Zorn ihr Zuhause verließ und schwor, nie mehr zurückzukehren, und er blieb bei ihr, als sie ihre Unschuld verkaufte, um sich vor dem Verhungern zu retten. Jahre der Gebrochenheit und des Leids trugen nach und nach das meiste von dem kleinen Mädchen ab, was noch in ihrem Gesicht verblieben war, aber immer noch folgte der Engel ihr und sorgte für die Frau, so wie er für das Kind gesorgt hatte.

Dann sah ich eine dunkle Gasse, durchweicht vom Nachtregen, und ein Mann mit finsterem Herzen nahm ihr gewaltsam die letzte Würde, die ihr geblieben war. Der Engel stand über ihr, in jeder Hand ein Schwert, und bekämpfte wie rasend die überhandnehmende Finsternis. Ich habe noch nie irgendjemanden für irgendetwas so hart kämpfen sehen. Trotzdem brach die

Finsternis herein und ließ die Frau mit Blutergüssen am Hals zurück, wo schändende Hände ihr den letzten Atem abgedrückt hatten. Der Engel fiel auf die Knie, und das Bild verblasste.

Als Nächstes sah ich eine andere Mutter bei der Entbindung. Diesmal lächelte der Engel mit dem blauen Mantel auf einen kleinen Jungen herab. Ich sah ihn, wie er mit Stapeln von Geschenken an Weihnachten aufwuchs, geschenkt von unzähligen Onkeln, Tanten und Großeltern, die alle wussten, wie man seiner Liebe Ausdruck verleiht. An der Seite des Vaters half der Engel, den Jungen auf seinem ersten Fahrrad anzuschieben. Ich sah, wie die Eltern für alles sorgten, was der Junge brauchte. Sie waren nicht reich, aber sie hatten auch keinen Mangel.

Der Engel stand an der Seite des Jungen, während sein Vater ihn über das Geschäftsleben und Finanzen lehrte. Er jubelte bei seinen Abschlussfeiern, feuerte ihn im Sport an und lachte über die unbeholfenen Schritte bei Schultänzen – immer begleitet von Eltern mit lächelnden Gesichtern. Ich beobachtete, wie der Junge aufwuchs und zu dem jungen Mann wurde, der vor mir stand und Steaks für das Abendessen aussuchte.

Dann sah ich ein anderes Bild. Der junge Mann fuhr in einer dunklen und regnerischen Nacht durch die Straßen der Innenstadt von Atlanta. Der Engel mit dem blauen Mantel saß auf dem Beifahrersitz. Als der gutgekleidete Mann an eine Ampel kam, streckte der Engel die Hand aus und drückte sie gegen die Brust des Mannes. Das Auto kam langsam zum Stehen, obwohl die Ampel grün zeigte. Mit der anderen Hand zeigte der Engel durch das Beifahrerfenster in eine dunkle Gasse hinein.

Mit einem Zögern auf dem Gesicht, stieg der Mann aus und ging durch die Gasse. Der Engel folgte. Da fand der Mann eine tote Prostituierte, nahe einem Müllcontainer. Der Engel im blauen Mantel kniete nieder und weinte über das Mädchen, während derselbe Engel an der Seite des gutgekleideten Mannes ging. Der kniende Engel stand auf, suchte den Blickkontakt mit sich selbst und verschwand dann; es blieb nur derjenige, der mit dem Mann war.

Der zögernde Ausdruck stand dem Mann immer noch im Gesicht, als er sich über die tote Frau beugte und seine Hand über ihr Herz legte. Sofort füllten sich die leeren Lungen und die Frau krümmte sich, als das Leben in sie zurückkehrte. Der Mann half ihr auf die Beine und in sein Auto. Sie fuhren im strömenden Regen davon, der Engel auf dem Rücksitz.

Ich wischte mir die Tränen vom Gesicht und schaute den Engel mit dem blauen Mantel an, der auf der anderen Seite des Fensters der Fleischabteilung stand.

„Ist das schon passiert?", dachte ich.

Der Engel schüttelte den Kopf.

Ich verstand, was er meinte. „Dann wird es noch so passieren?", fragte ich in Gedanken. „Wird er sie retten?"

Der Engel senkte den Blick und lächelte resigniert. Ich sah die Antwort auf seinem Gesicht viel klarer, als wenn er es laut ausgesprochen hätte: „Er könnte."

Engel

Engel verzieren die Buntglasfenster und Decken von Kathedralen aus dem zwölften Jahrhundert, sind Gegenstand vieler Bücher und hatten in den Neunzigerjahren sogar ihr eigenes TV-Programm. In der gesamten christlichen Geschichte waren sie ein Objekt der Faszination und Diskussion. Zwar habe ich ein Problem mit Leuten, die so fasziniert von Engeln sind, dass sie vergessen, die Beziehung mit ihrem Schöpfer zu pflegen, doch denke ich mittlerweile, dass man fast unmöglich etwas über Engel erfahren kann, ohne gleichzeitig Gottes Wesen kennenzulernen.

In diesem Kapitel möchte ich kurz einige Engel skizzieren, denen ich im Laufe der Jahre begegnet bin. Obwohl sie sich häufig im Aussehen und Verhalten voneinander unterscheiden, glaube ich nicht, dass es sich dabei um verschiedene Wesen handelt. Ich denke vielmehr, dass sie alle derselben „Spezies" angehören, aber unterschiedliche Rollen haben.

Ein breitschultriger Bauarbeiter mit Schutzhelm sieht ganz anders aus als ein schmächtiger Computerprogrammierer, der kaum die Sonne sieht – und trotzdem sind sie beide Menschen. Sieht man die Unterschiede im Aussehen und Verhalten der Engel auf diese Weise, kommen sie einem nicht mehr so seltsam vor.

Obwohl die nächsten Abschnitte keine vollständige Liste aller Engelarten darstellen, bieten sie eine ganz gute Übersicht über die verschiedenen Rollen, die Gottes himmlische Diener innehaben.

Schutzengel

Nachdem ich entdeckt hatte, dass meine Visionen nicht die Folge eines gefährlichen biochemischen Ungleichgewichts im Gehirn waren, ergriff ich jede Möglichkeit, etwas darüber zu lernen. Und Schutzengel gehörten zu den ersten geistlichen Wesen, deren Rolle ich einigermaßen verstand.

In der Gemeinde setzte ich mich gerne ganz hinten hin, damit ich die Übersicht über alles hatte, was während des Gottesdienstes im geistlichen Raum so passierte. Einige Monate lang verstand ich von dem, was ich sah, kaum mehr als ein Höhlenmensch von einem Verbrennungsmotor. Ich sah eine Menge Bewegung, und ich hatte den deutlichen Eindruck, dass alles eine präzise Ordnung und einen ebensolchen Rhythmus hatte, was aber mein eindeutig nur menschliches Hirn einfach überforderte.

Dann, eines Sonntagmorgens, während der Anbetungszeit, sah ich einen älter aussehenden Engel vor der Tür zum Foyer stehen. Seinen weißhaarigen Kopf hielt er hoch, was eher nobel als theatralisch aussah, obwohl ich zweimal hinschauen musste, um mich dessen zu vergewissern. Er trug eine glänzende Silberrüstung, die mir einen griechisch-römischen Eindruck machte. Ein langes Schwert mit einem verzierten, silbernen Griff war an seiner Hüfte angebracht. Ein kleines Messinghorn hing auf der anderen Seite.

Ich war fasziniert, denn wohl zum ersten Mal sah ich immer mehr Details, je länger ich hinschaute. In der Vergangenheit war mir jeder Engel oder Dämon entweder als ein verschwommenes Etwas von Schatten oder Licht oder als gleichbleibendes, klares Bild erschienen. Aber dieser Engel wurde immer deutlicher, je länger ich ihn betrachtete. Ich war bestimmt 25 m von seinem Standort entfernt, konnte aber trotzdem die Verzierungen auf seinem Schwert und die Einzelheiten seiner Rüstung so klar sehen, als wären sie direkt in meiner Reichweite. In die Seiten des Horns waren Buchstaben in einer mir unbekannten Sprache graviert.

Trotzdem verstand ich die Bedeutung der Details, sobald ich sie sah. Ich wusste, dass die Verzierungen auf Schwert und Rüstung Abzeichen für einen langen und hingebungsvollen Dienst waren. Und ebenso war mir klar, dass die auf die Seite des Horns geschriebenen Worte eine Proklamation waren, die jede Mauer zum Einstürzen bringen konnte (beim Anschauen kam mir die Geschichte von Jericho in den Sinn). Und ich wusste, dass jede Falte in dem starken, gealterten Gesicht des Engels ein Hinweis auf seine innige Hingabe an seinen immerwährenden Wachdienst war.

Als ich diese Dinge sah, begann ich zu verstehen, was Schutzengel sind. Sie sind nicht so sehr physische Beschützer als vielmehr ein Symbol für den allumfassenden Schutz Gottes, so wie die Ehrengarde eines Königs, die mit einem zuverlässigen Botschafter gesandt wird.

Es ist eine Sache für einen Leiter, eine große Armee von starken Soldaten einzusetzen; eine andere Sache ist es, sie zu der entschlossenen Hingabe zu inspirieren, so wie ich sie in den Falten auf dem Gesicht des Engels wahrnahm. Ihn zu sehen, offenbarte sowohl seine eigene Identität als auch die Natur seines Schöpfers.

Anbetungsengel

Es gab eine Phase in meinem Leben, in der Lobpreis und Anbetung eine extrem frustrierende Erfahrung für mich waren. Das hatte wahrscheinlich viel damit zu tun, dass ich damals gerade fünfzehn war. Aber zu jener Zeit schrieb ich diese Unzufriedenheit den bestimmt siebenhundertachtzig Sonntagmorgen-Anbetungsgottesdiensten zu, die ich in meinem kurzen Leben besucht hatte.

Die Gemeinde, in die meine Familie und ich gingen, hatte die besten Musiker und Sänger von allen Gemeinden, die wir je besucht hatten, einen engagierten und talentierten Lobpreispastor und einen Hauptpastor, der die Anbetung sehr schätzte. Trotzdem brachte ich es nicht fertig, mich dafür zu interessieren.

Ich sprach mehr als jeder andere mit Gott, aber am Sonntagmorgen konnte ich ihn einfach nicht ohne bitteren Beigeschmack anbeten. Und ich tat mein Bestes, um allen anderen die Schuld an diesem Problem zu geben.

Ich fand eine Ausrede nach der anderen: Diese ungraziöse Frau, die ihre extravaganten Flaggen mit hundertfünfzig Stundenkilometern herumwirbelt, lenkt mich einfach zu sehr ab. Dieser Musikstil ist einfach nicht mein Ding. Das Lobpreisteam kann Gott wohl nicht so ernst nehmen, wenn sie alle zum Kaffeetrinken rausrennen, sobald sie die Bühne verlassen. Die Hälfte dieser tanzenden Leute lassen sich einfach nur vom allgemeinen Enthusiasmus mitreißen; die wissen gar nicht, für was sie eigentlich tanzen.

Ich begann sogar meine Gabe des Sehens zur Aufstockung meines Munitionsdepots zu nutzen: Wie kann ich anbeten, wenn dieser Kerl neben mir die Begleitsängerin mit den Augen auszieht? Wie kann ich mich in den Lobpreis einklinken, wenn der Lobpreisleiter an nichts anderes denken kann als an seine Eheprobleme? Es ist echt zu schwer, sich auf Gott auszurichten, wenn der Schlagzeuger sich dauernd darum sorgt, ob er auf der Bühne auch gut aussieht.

Dann sah ich einen Anbetungsengel.

Ich hatte Engel schon vorher anbeten sehen. Die farbenfrohen und oft abstrakten Wesen zierten die Bühnen und bewegten sich zu den Worten der versammelten Gemeinde während wirklich jedem der siebenhundertachtzig Gottesdienste, die ich das Glück hatte besuchen zu dürfen. Die Schönheit und Anmut, mit denen sie ihre Hingabe an Gott zum Ausdruck brachten, war immer eine Quelle großer Freude und Ermutigung gewesen, aber bis zu diesem Tag hatte ich noch nie wirklich einen Anbetungsengel gesehen.

Dieser Engel sah jung aus. Engel existieren außerhalb der Zeit und sind deshalb ohne Alter, aber dieser hier wirkte nicht älter als sechzehn und sah weiblich aus. Zwei hell erleuchtete Engel tanzten in der Luft über ihr. Sie wirbelten und drehten sich und hinterließen dabei ganz verschiedene Spuren bunt schillernden Lichts. Sie trug ein einfaches Gewand – in dem gleichen gedeckten Weiß, in dem man den Warteraum einer Zahnarztpraxis streichen würde – und hatte ihre Haare in einem einfachen Pferdeschwanz zusammengefasst.

Sie kniete und presste das Gesicht in den Teppich, ihre Arme ausgestreckt, die Handflächen flach auf dem Boden. Alle paar Sekunden hob sie ihr Gesicht und schaute zur Decke empor. Tränen liefen über ihre Wangen, mehr in Wellen als in Tropfen. Leidenschaftlich streckte sie ihre Arme zum Himmel, während sie gleichzeitig eine Haltung der Dankbarkeit aufrechterhielt.

Ihr Gesichtsausdruck ließ mein Herz einen Schlag aussetzen. Schmerzliche Tiefen der Sehnsucht wurden von Wellen der Erfüllung so vollkommen beantwortet, dass die Zufriedenheit und Freude greifbarer wurden als der Boden unter meinen Füßen. Dieser Kreis von Verlangen und Erfüllung setzte sich fort, hin und her, immer schneller, bis ich es kaum noch ansehen konnte. Sie musste das Gleiche gefühlt haben, denn gerade als ich den Eindruck hatte, mein Herz würde gleich bersten, nahm sie wieder ihre Position auf dem Teppich ein, mit dem Gesicht nach unten.

Die Handlung, die sie darstellte, mag einfach erscheinen, wenn sie so mit Worten ausgedrückt wird. Das liegt daran, dass ich es unmöglich finde, es zu beschreiben, wie hingegeben ihr Herz in diesem einfachen Akt der Anbetung war. Aber selbst jetzt, während ich darüber schreibe, fangen meine Hände an zu zittern und mein Herz beginnt zu brennen.

Überwältigt und beschämt, wandte ich mich von der Engelfrau ab. Die Reinheit ihrer Leidenschaft bewirkte, dass sich die Teilnahmslosigkeit meines Herzens plötzlich jämmerlich und kleinlich anfühlte. Als ich wieder zu dem Angeber-Schlagzeuger schaute, konnte ich nicht anders, als seinen Wunsch zu sehen, alles in seinem Lobpreis für Gott gut zu machen. Die gefährlich wirbelnde Flaggenfrau sah nun mehr wie ein von Freude überwältigtes Kind aus, als wie eine aufmerksamkeitshungrige alte Jungfer. Sogar der Mann, der immer noch die Backup-Sängerin anstarrte, hatte ein Herz, das sichtbar vor Hunger nach einer Begegnung mit Gottes Herz glühte.

Es dauerte nicht lange, um zu realisieren, dass ich nun den Lobpreis so sah, wie Gott ihn sah. Keine Unsicherheit, Selbstsucht oder Sünde waren mächtig genug, seine Kinder von seiner Zuneigung abzuhalten. Seine Liebe überwand all dies.

Er rügte mich niemals für meine negative Haltung, und er verlangte auch nie, dass ich mich veränderte. Seine Liebe für sein Volk zu sehen, machte es mir jedoch unmöglich, das Gute zu ignorieren, das er in jeden hineingelegt hatte. Es machte mich traurig, dass ich alle diese unbedeutenden Dinge meinen Wunsch sabotieren ließ, meine Liebe für ihn zum Ausdruck zu bringen. Er ließ sich jedenfalls nicht von den Eigenarten der Leute und ihren Unzulänglichkeiten daran hindern, ihre Liebe zu empfangen.

Persönliche Engel

Persönliche Engel beschützen dich in der Tat während deines täglichen Kommens und Gehens, aber ich mag es nicht wirklich, wenn man sie Schutzengel nennt. Sie als persönlichen Einmann-Sicherheitsdienst zu betrachten, ist eine tragisch-grobe Vereinfachung. Ein persönlicher Engel ist mehr einem genialen persönlichen Assistenten vergleichbar als einem muskelbepackten Rausschmeißer. Ich habe niemals jemanden mit mehr als einem getroffen, und niemals jemanden ohne einen.

Man kann viel über eine Person erfahren, wenn man ihren persönlichen Engel betrachtet. Ein krank wirkender und trauriger Engel gehört gewöhnlich zu einer Person, die keinerlei Zeit in Gottes Gegenwart verbringt. Ein vergnügter und lebhafter Engel begleitet oft ein fröhliches Mädchen mit einer tiefen Leidenschaft für Anbetung, während ein würdevoller und akkurat gekleideter Engel möglicherweise zum Vorstandsvorsitzenden eines Großkonzerns gehört. Andererseits kann ein CEO auch einen beschwingt tanzenden Engel haben, während der geschniegelte und gestriegelte Engel sein Bestes tut, würdevoll auszusehen, wenn das fröhliche Lobpreismädchen im Raum herumtanzt und -wirbelt. Aber egal, ob sie das glatte Gegenteil darstellen oder gleichartig sind – persönliche Engel geben ihren zugeordneten Leuten immer einen göttlichen Flair.

Möglicherweise liegt es daran, dass sie mehr mit Menschen zusammen sind als andere Engel, aber persönliche Engel scheinen sehr viel mehr Persönlichkeit aufzuweisen. Vielleicht waren sie bei so vielen Szenen auf der Bühne des menschlichen Alltags dabei, dass ihnen alle diese Rollen vertraut geworden sind. Sie lächeln mit mütterlicher Zufriedenheit über den Teenager, der sich durch die Unterhaltung mit einem hubschen Mädchen stottert. Sie beobachten uns mit Sorge, wenn wir uns durch schwierige Entscheidungen kämpfen. Sie umarmen uns mit brüderlicher Liebe, wenn Stürme der Verantwortung drohen, uns fortzuspülen und ganz zu verschlingen.

Ähnlich wie Eltern sehen persönliche Engel sowohl unsere besten als auch unsere schlechtesten Seiten; sie sehen uns, wenn wir jung sind oder alt, wenn wir klug sind oder dumm. Es ist ermutigend, dass sie uns trotz und alledem immer noch ihrer Begleitung wert erachten.

***

Ich habe zwar versucht, an möglichst vielen verschiedenen Orten zu schreiben, um dabei nach interessanten Dingen für meine unerschrockenen Leser Ausschau zu halten, aber es stellte sich heraus, dass es nicht viele öffentliche Orte gibt, wo man mehrere Stunden mit einem Laptop sitzen und bisweilen andere Leute anstarren kann, ohne befremdliche Blicke zu ernten. Hier sitze ich also wieder einmal in einem Café.

Schräg gegenüber sitzt eine andere junge Frau mit Laptop – Kopfhörer im Ohr, einen Schreibblock auf dem Schoß. Im Stuhl neben ihr sitzt ihr Engel, blondes Haar, blaue Augen und einen sonnigen Charakter, weiblich. Ich schätze, dass etwa dreißig

Prozent der persönlichen Engel ihren Leuten ähnlich sehen, und dies ist einer dieser Fälle. Die Engelfrau schaut von der jungen Frau zu deren Laptop-Bildschirm und wieder zurück, auf die gleiche verlangende Art, wie ein Hundewelpe einen hüpfenden Ball außerhalb seiner Reichweite anschauen würde. Als sie meinen Blick wahrnimmt, steht sie auf.

Sie trägt etwas, das man als Gewänder beschreiben könnte, die aber aus vielen Schichten und Farben bestehen, woran man bei dem Wort „Gewänder" nicht unbedingt denkt. Sie ist viel größer, als sie im Sitzen aussah, bestimmt 30 cm größer als ich.

Die Engelfrau schaut auf die junge Frau herunter und fährt ihr mit den Fingern durch das blonde Haar, das ihrem eigenen so ähnlich sieht. Im Sitzen sah sie etwa wie neunzehn aus. Aber nun, im Stehen hat sie eine ältere, mütterliche Erscheinung.

So langsam wird die Sache klarer. Ich sehe Bilder von langen Nächten, welche die junge Frau mit dem Studieren verbringt, gepaart mit langen Tagen voller Arbeit und Unterrichtsstunden. Wenn ich die junge Frau so anschaue, die nicht älter als einundzwanzig sein kann, spüre ich eine gewisse Sehnsucht nach einer Mutter. Dies ist ein Mädchen, das eine Mutter benötigt, aber sie braucht auch mehr Spaß.

Die blonde Engelfrau erschien zunächst jung und schaute sehnsüchtig auf ihre Person, denn sie repräsentierte die Bedürfnisse der jungen Frau nach Freude und Ruhe. Dann erschien sie wiederum mütterlich, weil die junge Frau möglicherweise die fürsorgliche und tröstende Berührung einer Mutter in ihrem Leben vermisst.

Es ist wichtig, sich daran zu erinnern, dass Engel geistliche Wesen sind; sie sind nicht nach Art der Menschen durch einen physischen Körper limitiert, und sind auch nicht auf gleiche Weise wie wir an die Zeit gebunden.

Einmal war ich mit einer Gruppe von Freunden zusammen. Einer von ihnen konnte genauso gut im Geist sehen wie ich. Ein Mädchen aus der Gruppe bat uns, ihren Engel zu beschreiben. Ich schaute und sah, dass es ein hochgewachsener, gertenschlanker Mann war, der dünne, weiße Gewänder trug und einen feierlichen, aber friedevollen Ausdruck im Gesicht hatte. Doch bevor ich etwas sagen konnte, erklärte mein Freund, der ebenfalls im Geist sieht, der Engel sehe wie eine pummelige Lady in Pink aus, die im Zimmer herumhüpft.

Noch bevor ich die Frage stellen konnte, antwortete Gott: „Meine Schöpfung reflektiert mich, und ich habe viele Facetten." Ich verstand sofort.

Wenn du mich an einem Tag treffen würdest, an dem ich müde bin oder viel im Kopf habe, würdest du vielleicht denken, ich sei eine stille und in mich gekehrte Person. Und an einem anderen Tag, wenn ich mit einer Gruppe meiner besten Freunde zusammen bin und eine gute Zeit mit ihnen habe, würdest du möglicherweise denken, ich sei eine ausgelassene und humorvolle Person voller Charme. Beide Beschreibungen passen, und beide sind ein Teil von mir. Engelwesen, welche nicht durch eine physische Form begrenzt sind, zeigen diese verschiedenen Arten von Persönlichkeitszügen in ihrer Erscheinung. Während ich also den seriösen und friedlichen Aspekt der Persönlichkeit des Engels sah, sah mein Freund die lustige und fröhliche Seite.

Aktivierungsengel

Im dritten Jahr meiner Ausbildung in der *Bethel School of Ministry* lebte ich in einem üblen Stadtteil, was daran lag, dass ich fast kein Geld hatte. Aber angesichts meiner anstehenden Hochzeit betrachtete ich das damals als perfekte Junggesellenerfahrung. Die miese Wohnung, unordentliche Mitbewohner, ein unendlicher Vorrat an ungesundem Essen und regelmäßige, nächtelange Videospiel-Sessions empfand ich als idealen Kontrast zu dem neuen Leben, in das ich durch den heiligen Bund der Ehe nun eintreten würde. Und das wollte ich noch so richtig auskosten, was schließlich besser war, als mich komplett verrückt zu machen.

Eines Nachts war ich auf dem Rückweg von einem kleinen Supermarkt, der weniger als hundert Meter von unserem Mietshaus entfernt lag. Man kann mich zwar kaum mit einem Bodybuilder oder Boxchampion verwechseln, aber meine über eins achtzig große, halbwegs gut gebaute Männlichkeit hätte schon, wenn nötig, eine Faust in die ungefähre Richtung eines eventuellen Angreifers senden können. Trotzdem war ich froh, zuhause anzukommen, bevor die Sonne komplett untergegangen war.

Ich hatte mich ganz in meine Sour-Cream-und-Cheddar-Chips-Tüte versenkt, was erstaunlich schwierig war, ohne den Rest meiner Einkaufstaschen fallen zu lassen, als ich an der Haustür ankam. Mit der Hand auf dem Türknauf hielt ich kurz inne, denn ich spürte eine andere Präsenz hinter mir.

Diese unerwarteten Besuche waren in letzter Zeit regelmäßiger aufgetreten, so war ich also nicht überrascht, einen Engel zu sehen, als ich mich umdrehte. Er war mindestens dreißig Zentimeter größer als ich, hatte leuchtendes Haar und scharfe Gesichtszüge. Seine Rüstung war absolut makellos und bestand aus massivem Gold, das in unregelmäßigen, aber zweckbestimmten Mustern seine Arme und seinen Oberkörper umschloss. Auf keinem der Teile waren Schrammen oder Kratzspuren zu sehen, aber etwas in dem Grau seiner Augen machte klar, dass dieser Engel schon eine Menge Krieg gesehen hatte.

„Hi", sagte ich und fragte mich, ob er meine Tüte mit den leckeren Snacks beäugte.

„Komm mit!", sagte er. Das mag etwas schroff erscheinen, aber aus dem, was ich von seiner Persönlichkeit in unserer drei Sekunden währenden Beziehung schon wahrgenommen hatte, schloss ich, dass diese Worte für seine Verhältnisse noch vergleichsweise herzlich waren.

Da ich gelernt hatte, solche Bitten besser nicht zu ignorieren, warf ich die Snacks in mein Auto und folgte dem Engel zum Gehweg. Er ging zwei Schritte vor mir und führte mich an der Hauptstraße entlang, an der meine Wohnung lag. An jeder Kreuzung blieb er stehen und schaute in beide Richtungen, worüber ich einfach lachen musste.

Der letzte Sonnenstrahl war inzwischen dem gelblichen Schein der Straßenlampen und Frontscheinwerfer gewichen, was mich daran erinnerte, dass es nicht besonders weise war, gerade diese Straße alleine und bei Nacht entlangzugehen. Das lenkte meine

Aufmerksamkeit auf den doppelseitigen Speer, der auf dem Rücken des Engels hing. Jede Spitze war von einer flachen, blattförmigen Klinge gekrönt, die sowohl dekorativ als auch immens scharf aussah. Der Blick darauf beruhigte mich.

Wir gingen zweieinhalb Häuserblocks weiter. Ein ständiger Verkehrsfluss sorgte für Lärm zu unserer Rechten, während einfache Häuschen die baufällige Szenerie zu unserer Linken bildeten. Ohne ein Wort oder Zeichen blieb der Engel plötzlich stehen. Was er wollte, wurde nun schnell klar.

Während jedes Haus entlang des Gehwegs durch Außenlampen oder wenigstens durch das sanfte Flackern eines Fernsehers nahe einem Fenster beleuchtet war, befand sich das Haus, welches der Engel angesteuert hatte, in kompletter Finsternis. Ein schmiedeeiserner Zaun umschloss den verwahrlosten Vorgarten, und eine widerliche schwarze Wolke bedeckte das Dach. Ein gewundener Bogen aus der gleichen Finsternis wölbte sich über dem Tor und trug zu dem spürbaren Gefühl der Bosheit bei, das von jedem Zentimeter dieses Ortes ausging.

„Okay", sagte ich und wandte mich meiner Engelbegleitung zu. „Und was machen wir jetzt?" Insgeheim begann ich meine Liste der Ausreden aufzuschreiben, falls der Plan etwa darin bestehen sollte, dass ich dieses finstere Haus betreten sollte.

Sehr zu meiner Erleichterung reagierte der Engel, indem er den Speer mit der Doppelspitze von seinem Rücken holte. Ein einziger Stoß sandte einen Lichtblitz in die Haustür. Ein Wind rauschte an mir vorbei und blies die Finsternis fort, so einfach, als sei es Rauch. Die Straßenlichter schienen auf einmal heller zu sein, jetzt, wo diese Finsternis gewichen war. Die unheilvolle Schwere drückte nicht länger gegen meine Brust.

Verblüfft wandte ich mich dem Engel zu und fragte: „Wofür hast du mich jetzt gebraucht? Ich habe rein gar nichts getan."

Darüber musste er, zum ersten Mal, seit er gekommen war, lächeln. „Ich hätte nicht die Erlaubnis gehabt, hierher zu kommen, wenn du nicht mit mir gekommen wärst."

***

Das Reich Gottes ist ein Ort voller Leben und der ewigen Aktivität. Alles bewegt sich, alles hat eine Geschichte und alles ist lebendig. In den geistlichen Bereich zu schauen, ist wie einen üppig gedeihenden Regenwald zu betrachten – Leben über Leben über Leben. Ohne die unzähligen Schichten von bemoosten Bäumen und riesigen Farnen, die Kakophonie von Froschquaken und Insektenzirpen und ohne den multidimensionalen Baldachin, der dies alles ummantelt, wäre die Landschaft des Regenwaldes gänzlich anders. Wenn ich über Engel spreche, denken viele, es gäbe nur wenige davon oder zumindest an einem Ort nur wenige auf einmal. Aber das Gegenteil ist der Fall. Engel sind überall. Und die meisten sind Aktivierungsengel.

Aktivierungsengel ist ein sehr weit gefasster Begriff. Es gibt locker hunderte verschiedene Arten von ihnen, und ich sehe sie öfter als jeden anderen Typ Engel. Diese Kategorie umfasst Engel, die Heilung mit sich bringen ebenso wie Wiederherstellung von Beziehungen, finanziellen Segen, die Umgestaltung von Regierungen, sozialen Wandel, Geschäftsideen, Erfindungen, Frieden, Durchbrüche und Dutzende über Dutzende anderer Dinge, um die wir zu Gott rufen. Falls du dich wunderst, warum ich eine so vielfältige Schar von Engeln in einer einzigen Gruppe zusammengefasst habe: Nun, was sie bringen, kann sehr unterschiedlich sein, aber sie alle bringen etwas vom Himmel auf die Erde. Sie halten immerzu nach Leuten Ausschau, die bereit sind, dies auch zu empfangen, aber bedauerlicherweise finden sie nicht immer welche.

Das gilt nicht nur für Engel. Wenn ich in Gemeinden gehe, sehe ich oft Berge finanzieller Hilfe aufgehäuft – direkt neben denen, die sie bräuchten. Ich sehe väterliche Liebe für die zerbrochenen Herzen und die Einsamen – nicht etwa die vage Vorstellung von der distanzierten Zuneigung einer unpersönlichen Gottheit, sondern eine Liebe, die präsenter und realer ist, als wenn Gott physisch und mit weit offenen Armen vor dir stehen würde. Ich sehe Bücher voller Weisheit und Klarheit, welche direkt in die Hände derer fliegen, die eine Antwort vom Himmel suchen. Ich sehe in der Nähe derjenigen, die unter körperlichen Schmerzen leiden, die Freisetzung übernatürlicher Heilung aus dem Boden quellen.

Jedes Mal, wenn ich für jemanden um Heilung gebetet habe – jedes einzelne Mal – habe ich gesehen, dass Heilung verfügbar war. Manchmal trägt ein Aktivierungsengel eine Schale voll grüner Flüssigkeit herbei, oder eine wirbelnde Welle aus Licht und Farbe klatscht und spritzt in jede Ecke des Raumes. In irgendeiner Form ist die Heilung immer da. Leider wurde nicht jeder geheilt, für den ich gebetet habe. Ich habe erlebt, wie eine Menge schmerzende Rücken, gebrochene Knochen, Tumore und Geschwüre spontan geheilt wurden. Und trotzdem habe ich eine vergleichbare Liste von Leuten, die ohne Heilung weggegangen sind.

Manchmal weiß ich, warum es nicht passiert. Ich sehe einen Geist der Unversöhnlichkeit, der sich an ihrem Hals festklammert. Ein andermal spüre ich einen konkreten Mangel an Glauben. Oder es mag sein, dass sie an einer Denkweise oder einer Sünde festhalten, die sie davon abhalten, die Heilung zu empfangen, welche Gott für sie hat. Manchmal kann ich auch keinen Grund sehen, warum die Heilung nicht geschieht. Auf beiden Seiten ist Glaube da und die Haltung stimmt. Es findet sich keine Spur von Unversöhnlichkeit, und über der Person steht ein Engel mit einem Krug voll Heilungsöl und einem erwartungsvollen Blick im Gesicht. Und trotzdem geschieht es manchmal nicht.

Das ist eine meiner großen Enttäuschungen. In solchen Situationen resignieren die Leute oft und denken, Gott wolle sie nicht heilen. Oder sie meinen, es sei nicht die richtige Zeit oder es gäbe einen höheren Sinn hinter ihrer Krankheit. Keine dieser Ausreden tun dem Reichtum der göttlichen Heilung Genüge, mit dem ganze Warenlager in der Gemeinde gefüllt sind, oder der Salbung, die als Antwort auf unsere Gebete vom Himmel strömt, oder den Engeln, die rufen: „Gott will mehr, dass du geheilt wirst, als du fähig bist, etwas zu wollen!"

Ich habe ähnliche Situationen mit jeder anderen Art von Durchbruch erlebt, worum wir Gott baten, sei es finanziell, Beziehungen betreffend oder etwas anderes. Es ist da, damit wir es empfangen können; entweder wird es durch einen Aktivierungsengel transportiert oder es kommt auf eine andere Weise.

Manchmal empfangen es die Leute und manchmal – aus Gründen, die klar auf der Hand liegen – nicht. Aber gelegentlich empfangen sie es nicht, obwohl kein klarer Grund dafür vorliegt.

Ich sehe Aktivierungsengel öfter als jede andere Art. Wenn ich in einer Gemeinde bin, die weiß, dass Gott aktiv und andauernd seine Liebe über sie ausgießen will, fliegen diese Engel durch die Menge und teilen endlose Gaben, Segnungen und Gabenfreisetzungen aus. Tragischerweise sehe ich an den meisten Schauplätzen, dass Engel in Warteposition sind. Sei es, dass sie von jemandem gesandt werden, dass jemand sein Herz und seinen Sinn öffnet oder dass jemand Verantwortung für seine Stadt oder sein Stadtviertel ergreift – die Engel warten auf jemanden, der weiß, was Gott seinem Volk gegeben hat.

Engel des „tieferen" Himmels

Mitten in einem Sonntagabend-Gottesdienst der Bethel-Church in Redding, musste ich plötzlich gehen. Es war so dringend wie ein Gang zur Toilette während einer Autoreise, und gleichzeitig so subtil wie ein Flüstern im Sturm, aber ich wusste, dass ich gehen musste. Egal, ob du im Kino, im Flugzeug oder mitten in der Zuhörerschaft eines Gottesdienstes bist, es gibt keinen wirklich höflichen Weg, an einer voll besetzten Reihe von Leuten vorbeizugelangen. Ich tat mein Bestes, möglichst jeden Augenkontakt zu vermeiden, während ich an die Knie der Personen stieß, die meinen Weg zum Mittelgang blockierten. Von dort aus konnte ich dann geradewegs durch die Hintertür preschen.

Sofort bereute ich, mein Sweatshirt zuhause gelassen zu haben, da die kalte Luft gnadenlos in meine nackten Arme biss. Mit dem Gedanken, dass zumindest ja gleich mein Auto den Wind abhalten würde, lief ich den kleinen Hügel zum Kiesparkplatz hinauf – die Arme gegen die Kälte verschränkt und die Augen auf meine Füße gerichtet. Auf halbem Weg hinauf wurde mir klar, dass ich mein Auto nicht erreichen würde.

Sein Licht beschien den Boden vor mir, aber seine Wärme spürte ich schon, bevor ich das Licht sah. Zaghaft hob ich den Blick, um ein Paar brennende Füße, flammende Beine und einen lodernden Oberkörper zu sehen. Zu behaupten, er sei von Flammen verschlungen, wäre noch eine Untertreibung gewesen. Das Feuer tobte dermaßen dicht und heftig um ihn herum, dass ich nicht sagen konnte, ob da irgendwo ein Engel in seiner Mitte war oder ob dieses Wesen selbst komplett aus tosenden Flammen bestand.

Das war schon beeindruckend genug, aber es war nicht das Feuer, was mich stocken ließ, sondern die immense Wahrnehmung von Kraft und Ansehen, die von irgendwo aus dem Innersten dieser Flammen herausstrahlten.

„Hallo", sagte ich, unfähig, an eine vornehmere Anrede zu denken.

Ich will noch einmal darauf hinweisen, dass, wann immer bisher ein Engel zu mir gesprochen hat, dies nicht mit tatsächlichen Worten geschah. Sondern es landen ganze und abgeschlossene Gedanken in meinem Kopf. Diese kann ich mehr oder weniger in englische Sätze übertragen, aber in meinem Kopf ist es ein Verstehen.

„Hallo", sagte der Engel, und angesichts seiner Erscheinung war eine dramatischere Antwort auch gar nicht nötig.

„Kann ich dir mit irgendetwas behilflich sein?" fragte ich.

Der Engel zog eine Schriftrolle von irgendwo hinter seinem Rücken hervor. Sie befand sich in einer verzierten Hülle, welche die Farben wechselte wie ein Tuch im Wind. Er rollte die Schriftrolle auseinander und öffnete eine nachtblaue Seite mit hunderten und tausenden sich kreuzenden Linien, Punkten und Kreisen. In meiner Erinnerung erscheint es chaotisch, aber in diesem Moment war klar, dass sich jede Linie exakt an dem Platz befand, wo sie sein sollte.

„Was ist das?", fragte ich.

„Es ist Gottes Plan, soweit er mit dir zu tun hat."

Dann bemerkte ich, dass alle diese Linien und Punkte sich langsam bewegten, kreisten und wuchsen. Punkte erschienen und verschwanden wieder, je nachdem wie Verbindungen zwischen Menschen entstanden und wieder auseinandergingen. Linien verflochten und kreuzten sich, entsprechend dem, wie jede mögliche Entscheidung, die jede Person auf der Schriftrolle treffen konnte, sich auf jede mögliche Antwort auf jede mögliche Entscheidung auswirkte. Ich riss meine Augen auf, soweit es ging. Je mehr ich hinstarrte, desto mehr verstand ich. Die endlose Komplexität, welche sich vor mir entfaltete, brachte mich an die Grenzen meines Verstandes. Es war zu viel für mein endliches Gehirn, aber ich versuchte immer noch, es zu erfassen.

Mit der Befürchtung, dass meine lebenswichtigen Synapsen zerspringen könnten, riss ich meinen Blick von der Schriftrolle los und schaute wieder auf den Engel. Jetzt konnte ich ihn viel besser erkennen – nicht als Flamme, sondern die Gestalt dahinter. Er trug eine goldene Rüstung, die über und über mit modellierten Bildern bedeckt war. Ganz offensichtlich erzählten sie eine Geschichte, doch die Handlungen und Charaktere blieben mir verborgen. Vielleicht lag es daran, dass ich immer noch die Bruchteile meines zerbröselten Verstandes zusammensuchte. Jeder Zentimeter an dem Engel funkelte. Ich würde ja sagen, dass seine Rüstung mit Intarsien aus Juwelen und Edelsteinen geschmückt war, aber dies hier sah nicht so aus, wie auf einem Kollier oder einem Verlobungsring, auf denen die Steine durch Fassungen und Befestigungen gehalten werden, sondern diese hier waren Teil des Goldes, so wie Blätter Teil eines Baumes sind. Nichts hielt sie zusammen. Jeder war ein Teil des anderen.

Ich verbrachte einige Zeit damit, seine Rüstung zu bewundern, zum Teil, weil sie so faszinierend war, aber hauptsächlich deswegen, weil ich mich davor fürchtete, diesem wirklich außerweltlichen Wesen in die Augen zu schauen. Bis zu diesem Zeitpunkt hatte ich in meinem Leben bereits viele Arten von Engeln gesehen. Manche waren einschüchternd – sogar erschreckend – aber nun verstand ich zum ersten Mal, warum manche Engel ihre Botschaft an Menschen mit: „Fürchte dich nicht!“ einleiteten.

Furcht ist nicht ganz das richtige Wort, mit dem ich diese Empfindung beschreiben würde, die beim Anschauen dieses brennenden Engels meine Knie zum Schlottern brachte, aber weit weg davon war es sicherlich auch nicht. Ich fühlte mich wohl ungefähr so, wie wenn ich an einem Samstagmittag meine Haustür öffnete und entdeckte, dass der Präsident der Vereinigten Staaten zum Mittagessen aufgekreuzt wäre, mich aber in einem alten T-Shirt und abgetragenen Schlafanzughosen angetroffen hätte, umgeben von leeren Pizzakartons und einem vagen Geruch von Socken.

Dieses Gefühl verstärkte sich noch, wenn ich in seine Augen blickte. Dieser Engel hatte Gott gesehen, so wie ich ihn noch nie gesehen hatte. Ich war Gott begegnet, noch bevor ich Wörter wie allgegenwärtig, allmächtig, ewig und heilig aussprechen konnte. Aber ich hatte ihn immer nur als den liebenden Vater, den treuen Freund und geduldigen Lehrer gekannt.

Alle diese Dinge und mehr sah ich in den brennenden Augen des Engels. Ich sah den Gott, der sich dafür entschieden hatte, diese wankelmütigen Leute zu lieben, die auf dem Planeten lebten, den er in einem Atemzug erschaffen hatte. Ich sah den Gott, der Konzepte entworfen hatte wie die Zeit, die Schwerkraft, die Wirtschaft und die Herrlichkeit. Ich sah den Gott, der Moses Gesicht so hell zum Leuchten brachte, dass dieser es verbergen musste.

In seine Augen zu sehen, forderte mich heraus und beschämte mich, weshalb ich meine nächste Bemerkung an seine Füße richtete: „Die Pläne auf dieser Schriftrolle sehen kompliziert aus."

Das brachte ihn zum Lachen. Er nahm die Rolle an beiden Enden und drehte sie in die Horizontale, als wäre sie ein Tisch zwischen uns. Die Linien und Markierungen auf der Seite sanken nun in verschiedene Lagen unter die Oberfläche des Papiers, wodurch jeder Punkt und jede Verbindung sich in drei Dimensionen drehte und pulsierte.

Mein immer noch schwächliches Hirn versuchte verzweifelt zu kapieren, was dies nun wieder bedeutete und wie es das Wenige beeinflusste, das ich in der zweidimensionalen Rolle gerade so verstanden hatte. Wie ein altes Fahrrad verzweifelt versucht, in einen Gang einzurasten, so tat auch mein Verstand sein Bestes, aber die Kette flog runter. Das sah alles aus wie ein verwickeltes Durcheinander von sich durchkreuzenden Linien und Punkten. Mir war nur eines klar: dass Gottes Plan tiefer, dichter, anpassungsfähiger und perfekter war, als ich nachvollziehen konnte.

Ich sprach mit dem Engel gefühlt eine lange Zeit, aber in Wahrheit hätten es genauso gut zehn Minuten wie vier Stunden sein können. Wir sprachen darüber, welche Dinge in meinem Leben und dem meiner engsten Freunde in nächster Zeit anstanden. Danach traf ich ihn noch zwei weitere Male, stets durch eine geflüsterte Einladung angestiftet, während ich gerade etwas anderes tat.

Ich habe auch noch mehrere andere „Engel des tieferen Himmels" getroffen, wie ich sie nenne. Ich weiß nicht, ob es tiefere und flachere Teile des Himmels gibt, und abgesehen von meinem „Präsidententreffen-im-Schlafanzug-Gefühl", habe ich keine Gemeinsamkeiten bei ihnen beobachtet. Doch wie bei einer glühenden Kohle, die aus dem heißesten Teil des Feuers in einen kalten Raum geschossen wird, strahlen diese Engel eine Hitze ab wie einer, der sich nahe an der Quelle der Wärme aufgehalten hat.

Strukturen

Der geistliche Raum ist ein realer Ort. Er ist keine vergängliche Idee oder ein zweifelhaftes Gefühl in unseren Herzen. Er ist keine Manifestation unserer christlichen Ideale, Erfahrungen oder Glaubensgedanken. Vielmehr ist er deren Quelle.

Die Beziehung zwischen dem Raum des Geistes und dem physischen Raum ist nicht viel anders als die Beziehungen zwischen unterschiedlichen Räumen im Physischen. Zwar verbringe ich nicht viel Zeit im „Raum" des Ozeans, aber ich wäre dumm, wenn ich behaupten würde, dass das, was dort geschieht, keinen Einfluss auf mich hätte.

Ich könnte all meinen giftigen Müll in den Ozean werfen, damit er nicht mein Wohnzimmer verdreckt, doch wenn der Abfall mich durch den Wasserhahn oder eine Dose radioaktiven Thunfischs wieder besucht, werde ich erkennen, wie sehr ich doch mit dem Ozean verbunden bin. Der geistliche Raum mag wie eine entfernte, ätherische Ebene erscheinen, die uns nur als warme, kribbelnde Empfindung während eines Gottesdienstes berührt, aber in Wahrheit verlässt er dich niemals, und du ihn auch nicht.

Du magst dir dessen nicht bewusst sein, aber du existierst im geistlichen Raum genauso sehr wie im physischen Raum. Du bist hundert Prozent dort und hundert Prozent hier. Weil die Umstände unseres physischen Lebens meist offensichtlicher sind als die unseres geistlichen Daseins, lenken sie uns oft von unserer geistlichen Existenz ab. Das bedeutet aber nicht, dass wir dort weniger anwesend sind. Tatsache ist, dass wir durch unsere Gedanken, Handlungen und Einstellungen ständig die geistliche Atmosphäre um uns herum beeinflussen.

Menschen haben mehr als alle anderen Kreaturen auf diesem Planeten eine immense Kapazität, ihre Umgebung zu beeinflussen. Das gilt auch für die geistliche Umgebung. Wenn ich die Erde im Garten hinter meinem Haus umgrabe, Tomaten säe und dann die Setzlinge dünge, welche daraus hervorsprießen, habe ich ein Umfeld geschaffen, in dem Tomaten gedeihen können. Der geistliche Bereich unterscheidet sich gar nicht so sehr davon.

Wenn ich in meinem Haus regelmäßig Lobpreis betreibe, dann habe ich eine Umgebung geschaffen, welche die Gegenwart Gottes anzieht und gedeihen lässt. Wenn ich ständig in ärgerlichen Streit mit meiner Frau gerate, dann erzeuge ich eine Umwelt, in welcher der Geist der Trennung und des Zanks gedeihen kann. Solche Handlungen und Gedankenmuster bestimmen unser spirituelles Umfeld.

Einer meiner Freunde überließ April und mir sein Haus in der Woche, nachdem wir von unserer Hochzeitsreise zurückkamen. Er und seine Frau waren in dieser Zeit verreist und es dauerte noch eine Weile, bis unsere Wohnung fertig war. Dieser Freund – nennen wir ihn John – arbeitete gerade daran, seine Gabe des Sehens im Geist zu entwickeln. Und er hatte überall im Haus Notizen hinterlassen, wo er geistliche Dinge gesehen oder wahrgenommen hatte.

Eine Notiz in der Nähe der Treppe lautete: „Kleines, topfartiges Etwas." In der Nähe des Papierstücks stand ein gedrungener Keramiktopf mit gemalten, geometrischen Figuren rund herum. Darin war eine dicke, grüne Flüssigkeit, die hin- und herschwappte, als freute sie sich darauf, endlich aus dem Topf herauszukommen.

Eine ähnliche grüne Flüssigkeit hatte ich schon gesehen, wenn Leute um physische Heilung gebetet hatten. Das machte durchaus Sinn für mich. John hatte gerade das erste Jahr der *Bethel School of Ministry* abgeschlossen, und das Streben nach übernatürlicher Heilung war ein wichtiger Teil davon

Von dort aus sah ich noch eine andere Notiz, die an der Wand hinter der Couch steckte: „Ein schimmernder Wasserfall, hier auf ganzer Breite." Das Wasser kam für mich zu sanft herab, als dass ich es genau einen Wasserfall nennen würde. Es floss gleichmäßig aus der Nahtstelle zwischen Wand und Zimmerdecke heraus und sah aus wie ein Vorhang. Es fing das Licht auf ungewöhnliche Weise und brach die Strahlen in eigenartigen Mustern auf der Wand. Ich hatte den Eindruck, dass diese Muster eine Art Schrift waren, obwohl die Buchstaben und Strukturen mir fremd vorkamen.

Obwohl das Wasser als dünner Film herabkam, sah es aus, als sei es sehr tief. Das hatte ganz klar mit der Tiefe der Offenbarung zu tun, nach der John strebte. Später fand ich heraus, dass er seine Morgenstunden in die Bibel vertieft verbrachte, mit Stapeln von Lehrbüchern um sich herum verstreut.

Und noch eine letzte Notiz fand ich in seinem Raum: „Ein großer, wirbelnder Strudel über unserem Bett." Dies ist in den meisten christlichen Haushalten üblich. Ich vermute, weil unser Geist keinen Schlaf braucht, folgt er weiterhin Gott, während wir ruhen. Wahrscheinlich ist dies viel einfacher, wenn unser Verstand nicht im Weg ist. Diese nächtliche Gemeinschaft bahnt einen reinen Pfad zwischen dem Himmel und unseren Herzen, so wie ein Pfad entsteht, wenn man beständig Wasser eine Sanddüne hinablaufen lässt.

Viele haben es sich zu eigen gemacht, diese Pfade einen „offenen Himmel" zu nennen. Mein Problem damit ist, dass diese Bezeichnung suggeriert, der Himmel sei überall verschlossen, außer an diesen auserwählten wenigen Orten, was totaler Unfug ist. Unerträglich ist es jedoch, diese Gebiete einen „ein bisschen offeneren Himmel" oder einen „netten und gepflegten kleinen

Pfad zum Himmel" zu nennen – ich finde, „offener Himmel" tut's auch.

Als ich das Haus meines Freundes erforschte, sah ich, was er in seinem Umfeld aufgebaut hatte, dadurch dass er ständig den Herrn gesucht hatte. „Struktur" nenne ich dieses geistliche Umfeld, das wir um uns herum kultivieren, die Umgebung, welche durch unsere Gedanken und Handlungen erzeugt wird. Alles, von den heidnischen Ritualen eines Hexenzirkels bis hin zu den Abendgebeten eines Kleinkindes, hinterlässt Spuren auf dem Land. Wenn solche Gedankenmuster und Handlungen beständig stattfinden, dann beginnen sie die Umgebung zu verändern, so wie regelmäßige Tropfen mineralreichen Wassers von der Decke einer Höhle Stalagmiten bilden.

***

Mit elf hatte ich einen Freund, den ich hier Rob nennen werde. Er lebte in einer ungepflasterten Straße, in einem Haus, das nach muffiger Feuchtigkeit roch. Man hatte bei ihm eine Aufmerksamkeitsdefizitstörung diagnostiziert – das war, als diese Dinge gerade in Mode waren. Er musste Förderunterricht in Mathe und Englisch nehmen, und die anderen Kinder hatten nicht gerade ein Problem damit, ihn immerzu daran zu erinnern. In den Pausen hingen wir meistens zusammen herum, aber sein Haus besuchte ich nur einmal.

Zu diesem Zeitpunkt meines Lebens fing ich gerade an zu verstehen, dass ich Dinge sah, die andere nicht sahen, aber ich hatte auch schon gelernt, meinen Mund darüber zu halten. Als ich in Robs Zimmer kam und einen Dämon über seinem Bett hängen sah, fand ich es nicht nötig, es zu erwähnen. Er sah nicht viel anders aus als ein Faultier in einem Baum, falls Faultiere aus schwarzem Schimmel und schmutzigen gelben Zähnen bestanden. Er hing von einem Streifen aus finsterem Moos herunter, das den ganzen Raum über Robs Bett überwucherte, was es schwierig machte zu unterscheiden, wo das Moos endete und der faultierartige Dämon begann.

Im Rückblick frage ich mich, ob der feuchtmuffige Geruch vom Alter des Hauses herrührte, oder ob ich ihn in Wirklichkeit im Geist gerochen habe. Ich war erst elf, und weil ich noch nicht viel über den geistlichen Raum verstand, war mir nicht klar, was das Faultier über Robs Bett zu suchen hatte. Nachdem Robs Vater jedoch einige harsche Kommentare über Robs Erfolg in der Schule abgegeben hatte und seine Mutter darauf peinlich reagiert hatte, bekam ich langsam ein Bild.

Eine Kultur der Scham war in diesem Haus gezüchtet worden. Das hatte eine Situation geschaffen, in der ein dämonisches Wesen, das darauf fixiert war, Robs Zustand zu verschlechtern, Zutritt zu seinem ganz privaten Bereich gewonnen hatte.

Gemeinde

Es ist Zeit für einen Gottesdienst. Ich bin seit sechs Uhr auf den Beinen und habe sowohl ein schweres Computerequipment als auch mich für den Gottesdienst fertig gemacht. Nach einer schläfrigen Fahrt und einem schlechten Einparkversuch gehe ich in den Gottesdienstraum. Der Raum wird nicht im Geringsten den wunderbaren Leuten gerecht, die ihn füllen, aber das hat seinen eigenen Charme.

Ich baue meinen Teil des audiovisuellen Equipments so schnell wie möglich auf, damit ich mit dem Schreiben beginnen kann. Beim Frühstück habe ich beschlossen, alle Dinge aufzuschreiben, die während des Lobpreises passieren, da es interessant sein könnte.

Drei Engel schreiten die Stuhlreihen auf und ab, schwingen ihre Arme in weiten Bogenmustern, wodurch sie kleine, blaue Wassertropfen von ihren Fingerspitzen aus verteilen. Ihre langen, grünen Gewänder passen zu der wunderlichen Art ihrer Bewegungen und scheinen mit dem gleichen Wasser durchtränkt, das sie im ganzen Gottesdienstraum versprühen.

Die Probe des Anbetungsteams ist nicht anders als sonst auch. Die Leute besprechen, welche Tonart am besten zu welchem Song passt und wann bei welchem Lied am besten die Drums einsetzen; aber aus irgendeinem Grund nehme ich ein wachsendes Gefühl der Erwartung wahr. Das liegt nicht an den Engeln. Sie oder ähnliche bereiten jeden Sonntag den Gottesdienstraum vor.

Als der Gottesdienst näherrückt, drängen die Leute herein. Während der Probe baut sich ein gewisses Momentum auf, und nun füllt die Gegenwart Gottes langsam den Raum. Dann beginnt der erste offizielle Song, und es fühlt sich an, als würde er gegen eine Ziegelmauer prallen. Früher fand ich diesen Teil des Lobpreises frustrierend. Jedes Mal geschieht dieser Anfangswiderstand.

Normalerweise gab ich den Leuten in der Versammlung die Schuld daran – heimlich natürlich, da es ja nicht besonders christlich ist, so zu denken. Doch mittlerweile tendiere ich dazu zu glauben, dass dieser Widerstand eine natürliche Kraft an und für sich ist. Einen Berg zu erklimmen, ist ein anstrengender und schwieriger Prozess, der eine Menge Einsatz, Geduld und Geschick erfordert. Trotzdem wirst du einen Bergsteiger nie darüber murren hören. Er wird viel zu sehr damit beschäftigt sein, dir zu erzählen, wie fantastisch der Blick vom Gipfel ist. Ich glaube, dass manchmal die anfänglichen Bemühungen das Ergebnis erst wertvoll machen.

Ich sehe nun drei neue Engel vorne im Raum stehen, die jeden auf der Bühne um Längen überragen. Es macht ihnen Mühe, ihre muskulösen Arme zu heben, als würden sie versuchen, etwas immens Schweres hochzuheben, obwohl ich nichts in ihren Händen sehe. Während sie angespannt gegen diese unsichtbare Kraft angehen, sehe ich kleine grüne Pflanzen überall dort sprießen, wohin die heranschwebenden Engel ihre Wassertropfen gesprenkelt haben. Die Pflanzen wachsen und schrumpfen synchron zu den Versuchen der Engel, ihre Arme zu heben. Ich bekomme den Eindruck, dass sie gegen genau den Widerstand kämpfen, den ich immer zu Beginn des Lobpreises spüre. Es ist, als würden sie versuchen, Leben vom Boden hochzuziehen.

Einer unserer Lobpreisleiter tritt nun ans Mikrofon, um mit dem ersten Lied zu beginnen. Ich mag ihn. Von dort, wo ich sitze, sehe ich sein Herz; es brennt weißglühend und leuchtet so stark, dass es mir in die Augen sticht. Will kennt sich mit Reinheit aus. Es ist ihm egal, wie hoch oder steil der Berg ist; er will nur dahin kommen, wo Gott wartet. Und er will jeden dorthin mitnehmen. Was auch immer dieses Herz berührt, wird augenblicklich verbrennen, in Rauch aufgehen und wie Weihrauch zum Himmel steigen. Ein Herz wie seines kann alles in Lobpreis umwandeln. Die Gegenwart Gottes kam während jedes Lobpreisgottesdienstes, den ich je besucht habe, aber ich bin regelmäßig darüber erstaunt, wie stark unsere Herzenshaltung unsere Fähigkeit beeinflusst, diese Gegenwart auch wahrzunehmen.

Als der erste Song zu Ende geht, spüre ich den Widerstand immer noch, aber die Engelpflanzen sind mittlerweile bis zur Decke gewachsen und haben schon begonnen, sich wie Efeu um die Neonlampen zu schlingen.

Das zweite Lied beginnt und eine Lobpreisleiterin übernimmt. Sobald sie ihren Mund öffnet, fühle ich mich, als würde ich in die Luft gerissen. Die Wand hinter dem Anbetungsteam nimmt die Beschaffenheit und Farben von Sonnenschein und Wolken an. Die zuvor gewachsenen Pflanzen beginnen Pollen freizusetzen, die im Takt der Musik durch die Luft wirbeln.

Gegen Ende singt sie ein prophetisches Lied: „Söhne und Töchter". Stärke und Ermutigung kommen wie aus dem Nichts hervor und legen sich auf die Schultern der Leute in der Versammlung wie Teile einer glühenden, roten Rüstung. Sie sinken in ihre Haut und verschmelzen mit ihren Knochen.

Während des dritten Liedes spürt man einen so starken Zug in das liebende Herz Gottes hinein, dass ich in der ersten Hälfte des Liedes vergesse zu schreiben. Es ist ein echter Moment von Angesicht zu Angesicht mit Gott. Wenn ich im Raum herumschaue, sehe ich nichts. Die meisten der Engel haben ihn verlassen, aber wenn ich nur eine Person auf einmal anschaue, sehe ich Jesus bei ihr stehen.

Wir Menschen haben eine andere Beziehung zu Gott als die Engel. Ich verstehe den Unterschied nicht immer, aber manchmal, wenn seine Gegenwart eine bestimmte Stärke annimmt, gehen alle Engel weg. Dann sind nur noch wir und Gott da.

Eine Frau in der dritten Reihe hat ihre Hände auf ihr Herz gelegt. Jesus steht direkt vor ihr, nimmt ihre Hände in die seinen und flüstert ihr ins Ohr. Ein Mann liegt im Mittelgang, das Gesicht fest in den Teppich gepresst. Jesus kniet über ihm und legt beide Hände auf seinen Rücken.

Jesus besucht jede Person individuell und doch alle zur gleichen Zeit. Die meisten interagieren auf irgendeine Art mit ihm – tanzen, weinen, lachen oder stehen einfach nur Hand in Hand mit ihm. Andere lassen gelangweilt ihre Blicke durch den Raum schweifen oder sitzen mit verschränkten Armen da. Auch neben ihnen steht natürlich Jesus – und wartet. Er schaut nicht frustriert oder auch nur enttäuscht. Er wartet einfach nur.

Ich stelle das Schreiben für eine Minute ein, da Jesus auch vor mir steht.

Laura muss gespürt haben, dass einige nicht auf die mögliche Begegnung mit Jesus eingehen. Der Schmerz, den ich in meinem Herzen fühle, wenn manche ihn einfach ignorieren, ist auch in ihrer Stimme zu hören, als sie jeden bittet, den Augenblick zu ergreifen. Sie betet dafür, dass jeder tiefer in seine Gegenwart gezogen wird, und die Atmosphäre der Anbetung wechselt vom individuellen und persönlichen Dienst zu einem gemeinschaftlich erlebten ehrfürchtigen Staunen.

Ein riesiger Thron erscheint über der Band, und augenblicklich spüre ich, wie die gesamte Versammlung in die Anbetung gezogen wird, so wie eine Kompassnadel unweigerlich nordwärts gedreht wird. Ich persönlich glaube, dass Lobpreis eine angeborene Facette unseres genetischen Codes ist; damit meine ich, dass wir so gepolt sind, dass wir Gottes Gegenwart erkennen, wenn er den Raum betritt. Und wenn er es tut, beginnt unser Herz Liebeslieder zu singen, noch bevor wir Zeit haben, den Mund aufzumachen.

Ehrlich gesagt, ist der Thron, abgesehen von seiner Größe, nicht besonders eindrucksvoll, aber die starke Kraft und Macht, die von ihm ausgeht, löst in mir Furcht aus, ihn länger anzusehen. Jesus verlässt seine Position bei jedem Einzelnen und nimmt in dem Stuhl aus Stein Platz. Nun habe ich keine Angst mehr, mir den Thron anzuschauen; ich bin gar nicht dazu in der Lage. Es fühlt sich an, als würde der gesamte Raum durch Gravitation zu dem Punkt hingezogen, wo Jesus sitzt. Die Pflanzen, welche zu Beginn des Lobpreises gewachsen sind, senden noch mehr Wolken von Pollen aus, die sanft durch den Raum schweben.

Während des vierten Lieds, setzt sich die gemeinsame Anbetung fort, ändert aber ihre Richtung. Anstatt in Ehrfurcht über die Macht Gottes erstarrt zu sein, kann ich nicht anders, als ihm gegenüber zum Ausdruck zu bringen, wie gut er ist. Die Pollen, welche im Raum umhertreiben, fangen Feuer. Jedes Teil brennt in einer anderen Farbe und leuchtet auf wie die Funken eines Lagerfeuers. Sie beginnen nach oben zu wirbeln, und plötzlich kehren die Engel zurück. Ich kann nicht sagen, ob es die Engel sind oder die Leute, die sich um die Bühne herum drängen, die es auslösen, aber die Anbetung geht in Tanz über. Und nach dem Tanz verbreitet sich eine festliche Stimmung.

Während des fünften Songs kommt Jesus zurück und begegnet wieder jeder einzelnen Person ganz individuell. Nur noch einige wenige erkennen seine Gegenwart immer noch nicht. Nun wandelt sich die Anbetung schnell von der intimen Kommunikation zum Feiern. Jesus beginnt, zusammen mit allen Engeln, wild im Raum herumzutanzen.

Eine unserer Co-Pastor(inn)en steht auf und beginnt zu prophezeien. Sie informiert alle über die Gelegenheit, die gerade verfügbar ist. Ein großer, muskulöser Engel steht hinter ihr, während sie spricht, und schlägt mit einem massiven Vorschlaghammer auf den Boden. Mit jedem Schlag sendet der Hammer Wellen durch die Atmosphäre und wirbelt Staubwolken und auch die vielfarbigen Funken auf, welche sich auf dem Boden abgesetzt haben.

Die Pastorin lädt die Versammlung ein, das letzte Lied noch einmal zu singen. Dies löst natürlich erneut eine wilde Tanzparty aus. Die Band beginnt einen weiteren prophetischen Song: „Die Ketten fallen ab! Die Ketten fallen ab ... Schleier fallen herab! Schleier fallen herab!" Etwas genauer wäre es zu singen: „Die Ketten zerbersten in tausende klitzekleine Teilchen! ... Schleier gehen in Flammen auf und zerfallen zu Asche!" Aber ich vermute, das hätte wohl nicht so gut zur Melodie gepasst.

Als jeder tanzt, beginnen die Ketten, welche ungefähr ein Fünftel der Leute im Raum umschlingen, sich zu erhitzen, bis sie weißglühend sind, ein merkwürdigerweise ähnliches Weißglühen wie bei den brennenden Herzen von Will und Laura Stern. Dann zerbersten die Ketten in viele Teile, die aber zerfallen, bevor sie den Boden berühren. Der Schleier, der über den Gesichtern der Leute hing, verbrennt zu Nichts. All dies, zusammen mit den im Wind treibenden Farbenfunken, den tanzenden Engeln und tanzenden Leuten, ergibt ein klares Bild von dem, was ich von einem durchschnittlichen Tag im Himmel erwarten würde.

Kanonenschüsse von Licht und Farbe entladen sich vom Schlagzeug aus, als der Schlagzeuger ein finales Solo hämmert. Jesus wirft Arme voll Licht hinaus in die Menge und lacht dabei die ganze Zeit wie verrückt.

Der Pastor, der diesen Morgen eigentlich sprechen sollte, liegt flach irgendwo vor der ersten Reihe. Irgendwie schaffen wir es durch die Ankündigungen und das Opfer, nur unterbrochen vom gelegentlichen Seufzen aus der Ecke, wo dieser Pastor liegt. Ich stehe auf meinem Stuhl, um besser sehen zu können, und sehe, wie Jesus sich über ihn beugt und beide Hände auf seine Brust presst.

Nachdem er vorgestellt wurde, kraxelt der Pastor so gut wie möglich auf seine Füße und beginnt zu sprechen. Ein rasendes, flüssiges Licht dreht sich um seinen Körper wie ein Tornado. Alle paar Sekunden rast das Licht in seinen Mund hinein, leuchtet durch seine Brust und bewirkt einen neuen Stöhnanfall bei ihm. Verständlicherweise bringt er nicht alles, was er sagt, in ganzen Sätzen hervor, und ein Großteil dessen wird vom Boden aus serviert. Dessen ungeachtet ist es eine der mächtigsten Botschaften, die ich jemals von ihm gehört habe.

***

Dies ist ein Bild von dem, was in meiner Gemeinde in der geistlichen Welt geschieht. Ich finde Gemeinde faszinierend. Solange ich mich erinnern kann, habe ich Gemeinden besucht, und keine einzige glich einer anderen. Ich habe eigentlich sogar in Betracht gezogen, ein ganzes Buch über die Art der Dinge zu schreiben, die in den verschiedenen Gemeinden im geistlichen Raum geschehen.

Leute, die schon genausolang wie ich zur Kirche bzw. Gemeinde gehen, sind gewöhnlich so abgestumpft von ihren Erfahrungen, dass sie alle möglichen Ausreden haben, um auszusteigen. Oder sie haben sich bis zur Lauheit daran gewöhnt, das wöchentliche Ritual zu besuchen, sodass ihnen jede Änderung der Routine wie ein unangenehmer Schock vorkommt.

Das ist eine ziemliche Verallgemeinerung, aber allzu oft treffe ich es als Wahrheit an. Es gibt allerdings Ausnahmen. Ich denke, dass die gleiche Unzufriedenheit, welche manche Leute dazu veranlasst, die Gottesdienstbesuche einzustellen, eine große Anzahl von Personen dazu motiviert, neue und lebendige Wege zu verfolgen, um der Anbetung Gottes Ausdruck zu verleihen.

Glaube nur nicht, dass ich mich über traditionelle Kirche lustig mache! Oft habe ich festgestellt, dass die Leute, die ihre Zeit damit verbringen, gegen die Strukturen der Kirche zu wettern, aus dem gleichen religiösen Geist heraus operieren, den sie zu verdammen suchen. Sie gehen letztlich davon aus, dass die eine Struktur Gott grundsätzlich besser gefällt als die andere. Ich bin zwar sicher, dass es Beispiele gibt, für die das stimmt, aber das Ziel von Kirche bzw. Gemeinde ist, einen Platz zu schaffen, wo Gottes Volk Gemeinschaft haben kann, zugerüstet wird, miteinander seine Siege feiert und gemeinsam Gott anbetet.

Nach mehr als zehn Jahren, in denen ich bewusst ein tieferes Verständnis der Gabe des geistlichen Sehens gesucht habe, habe ich Eines gelernt: Es gibt einfach zu viel davon. Es gibt zu viel Freude, zu viel Herrlichkeit, zu viel von Gottes Gegenwart, zu viele gute Dinge, die er seinen Kindern sagen will. Es gibt zu viele Wunder, die darauf warten zu geschehen, zu viele Durchbrüche und zu viele Siege; es gibt zu viel Wiederherstellung. Es gibt viel zu viel Gutes, als dass eine Person oder eine Gruppe von Leuten es ausschöpfen könnte.

Ich glaube, dass das, was Gott heute auf der Erde tut, zu groß für irgendeine Gemeinde oder irgendeine Denomination ist. Die Dinge, die im Geist geschehen, sind zu groß und zu gut, als dass nur ein paar Leute sie sehen können sollten.

Ich habe gar nicht erst versucht, alle guten Dinge oder auch nur jede Art von guten Dingen, die ich bereits gesehen habe, in diesem Buch aufzuführen. Das wäre sicherlich unmöglich. Ich habe ein paar wenige grundsätzliche Geschichten ausgewählt, damit du einen Geschmack dafür bekommst, was alles möglich ist. Denn ich glaube, dass Gott will, dass auch du siehst, was im Geist geschieht.

TEIL III

Kapitel 5

Meine Geschichte, Teil 3

Ich merkte es damals nicht sofort, aber im Alter von achtzehn Jahren geriet ich langsam in einen Strudel zielloser Depressionen. Die Erfahrungen, die ich jedes Mal machte, wenn ich versuchte, meine Gabe mitzuteilen, wertete ich als erdrückenden Widerstand. Ich beschloss deshalb, das Gesehene nur zwischen Gott und mir selbst zu bewahren.

Ab und zu erzählte ich meinen engsten Freunden und meiner Familie bestimmte Visionen, aber nur, wenn sie mich dazu drängten. Das funktionierte meist ganz gut. Wenn ich Dinge, die ich sah, mit dem Heiligen Geist besprach, führte das immer zu Erkenntnis und Frieden, aber jeder Versuch, meine Gabe Menschen anzuvertrauen, führte zu Verwirrung und Frustration. Mich aus dem Druck herauszunehmen, zu versuchen, meine Gabe zum Segen anderer zu nutzen, machte mein Leben weniger kompliziert. Das Leben passte sich allerdings nicht allzu lange meiner Selbstgefälligkeit an.

Mein Jugendpastor, zu dem ich in den letzten Jahren eine enge Beziehung aufgebaut hatte, wurde ausgesandt, einen neuen Dienst in Los Angeles zu beginnen. Obwohl ich mich ihm enger verbunden fühlte als jedem anderen Leiter der Gemeinde, wusste ich, dass ich nicht mit ihm gehen sollte. Viele meiner engsten Freunde entschieden sich, in die *Bethel School of Supernatural Ministry* (dt. Bethel-Schule für den übernatürlichen Dienst) in Redding zu gehen; aber ich hatte nicht den Wunsch, das Gleiche zu tun.

Ich war schon mehrfach in Bethel gewesen, der Gemeinde, die diese Schule ins Leben gerufen hatte. Ich hatte einige ihrer

Konferenzen besucht, und obwohl es offensichtlich war, dass der Geist Gottes dort wirkte, hatte ich kein Verlangen danach, mich dort einzuschreiben. Ich vermute, dass dies hauptsächlich dem bequemen Leben zuzuschreiben war, das ich in der Stagnation gefunden hatte, welche mein Leben damals bestimmte. Ich wusste, dass, wenn ich in diese Schule ging, ich von der gleichen Art „geisthungriger" Leute umgeben sein würde, die meine aktuelle innere Zurückgezogenheit verursacht hatten. Ich hatte also meine Antwort bereit, als der Heilige Geist mir auf die Schulter klopfte und mir sagte, ich solle doch diese Schule besuchen: „Nein, Danke!"

Er sprach mich in diesem Sommer mindestens ein dutzend Mal darauf an. Ich achtete darauf, meine Antworten ein bisschen abzuwechseln, damit ihm nicht langweilig wurde:

- „Gut und schön. Doch ich denke, ich sollte stattdessen aufs College gehen."
- „Vielleicht ziehe ich es nächstes Jahr in Betracht."
- „Warum sollte ich eine solche Schule besuchen, wenn ich ganz einfach mit dir sprechen kann?"
- „Ich möchte eigentlich gar nicht in den Dienst gehen."
- „Ich glaube, ich werde Englischlehrer."

Keines meiner Argumente überzeugte ihn. Er blieb konsequent höflich, ohne die Entschlossenheit zu verlieren: „Du solltest in diese Schule gehen."

Auf diese Weise vergingen Monate; die Anmeldefrist kam und verstrich. Ich ging nicht hin.

Um ehrlich zu sein, tat ich in diesem Jahr nicht viel. Ich begann mit dem College, beendete meinen ersten Roman, schaute mir jede Episode der *Simpsons* an, aber nichts davon stellte mich wirklich zufrieden. Gott blieb herzlich und ermutigend, indem er mir Bilder von Erfolg und Gelingen sandte, die vor meinem inneren Auge vorbeihuschten.

Ungeachtet des Empfindens, dass Gott gut ist, das mit diesen Bildern einherging, war ich dennoch irgendwie genervt durch sie. Vermutlich sollte mich diese fortwährende Ermutigung kontinuierlich daran erinnern, dass ich einen wesentlichen Teil meiner Identität vollkommen verleugnete. So begann ich den Heiligen Geist auszuschließen.

Nachdem ich die sechs Jahre davor damit verbracht hatte, eine ständige Verbindung zwischen ihm und mir aufzubauen, gestaltete sich dies schwierig. Es führte dazu, dass ich häufig in meinem Zimmer war und gleichzeitig ein Videospiel spielte, einen Film auf dem Computer anschaute und mir über den Kopfhörer Musik in die Ohren blasen ließ.

In dem Jahr, als ich die Auseinandersetzung mit Gott gewann, ging eine meiner besten Freundinnen nach Redding, um die Ausbildung zum Dienst zu beginnen. Sie rief mich ab und zu an und schimpfte im Spaß mit mir, dass ich die Schule nicht besuchte und all die fabelhaften Zeugnisse von Heilung und übernatürlicher Kraft dort nicht mit ihr und ihren Freunden teilte. Sie wusste natürlich, was für eine starke Abneigung ich hatte, dorthin zu gehen.

Eines Abends, als ich wieder einmal von einer Kakofonie plärrender Gitarrenriffs, witziger Dialoge und rasant explodierender Pixel umgeben war, sprach der Heilige Geist zu mir. Seine Stimme kam so leise, dass ich sie leicht hätte verpassen können, aber sie fand in meinem Geist einen so starken Widerhall, dass es unmöglich war, sie zu ignorieren. „Du weißt, du solltest wirklich zu dieser Schule gehen." Ich hatte dies bestimmt schon fünfzigmal von ihm gehört, aber aus welchem Grund auch immer schmolzen diesmal plötzlich alle Wände, Barrikaden und Bollwerke, die ich gegen diesen Gedanken errichtet hatte.

Drei Sekunden später, während ich immer noch damit beschäftigt war, auf die Pfütze, zu der mein verhärtetes Herz zusammengeschmolzen war, zu schauen, rief Michelle an. Sie begann das Gespräch mit: „Du weißt, du solltest wirklich in diese Schule kommen."

Meine kunstvoll ausgearbeitete Abwehr lag in Scherben zu meinen Füßen. Ich sagte: „Erzähl mir doch mal etwas darüber."

***

Obwohl mein Widerstand gegen die Schule fehlgeschlagen war, festigte sich meine Entscheidung, meine Gabe unter Verschluss zu halten, noch mehr. „Also gut, Gott", sagte ich an dem Tag, an dem ich meine Anmeldung einsandte, „ich werde in deine Schule gehen. Aber ich werde keiner einzigen Person erzählen, was ich sehe!" Da er kein Gegenargument brachte, schlussfolgerte ich, dass meine Bedingung akzeptiert wurde.

Ich schaffte es immerhin, mein Geheimnis den größten Teil meines ersten Jahres zu bewahren, obwohl Gott bestimmt daran arbeitete, mich zu öffnen. Die Gruppe von Kommilitonen, mit der ich zusammenwohnte, war die perfekte Mischung aus neugierig und ungefährlich. Jeder einzelne von ihnen beherrschte es auf ideale Weise, sich im Plauderton durch alle meine Mauern zu graben. Am Ende des Schuljahres lag meine Verteidigung in Trümmern. Es brauchte nur noch einen letzten Hammerschlag, um sie zum Kompletteinsturz zu bringen. Der kam in Form eines einfachen prophetischen Wortes von einem Freund.

Dann kam die Zeit, in der alle Bethel-Studenten auf Missionsreise gehen und die Möglichkeit haben, quer über den Globus zu reisen, um die Kranken zu heilen, die Toten aufzuerwecken und ganz allgemein das zu tun, was Bethel-Studenten so tun. Da ich kein Geld hatte, wählte ich die günstigste Reise, nach Tijuana in Mexiko. Die meisten Studenten hatten kein Geld, also war der Tijuana-Trip einer der beliebtesten, weswegen eine Riesenkarawane sich auf die *Interstate 5*[1] von Redding nach Mexiko machte. Da besagte Karawane sich aus Bethel-Studenten zusammensetzte, verbrachten wir den größten Teil der Fahrt damit, über Funkgeräte prophetische Worte zwischen den Autos zu übermitteln. Gegen Ende unserer Reise kam eine vertraute Stimme durch das Rauschen des Funks.

---

[1] Eine Autobahn, die entlang der Westküste von der mexikanischen zur kanadischen Grenze verläuft.

„Blake, dies hier ist für dich", sagte mein Freund. „Gott sagt, dass es Zeit ist, aus der Höhle zu kommen!" Dann ein Klicken und es war Funkstille. Es war nur ein einfaches Wort, aber es traf mich wie eine Kanonenkugel gegen die Brust. Es riss gleichzeitig die Überbleibsel meiner alten Verteidigung nieder und gab mir den Mut, die Dinge, die ich sah, mitzuteilen. Völlig untypisch für mich, begann ich auf der Stelle damit.

Bei der Ankunft am Ziel, einem kleinen, christlichen Camp am Stadtrand von Tijuana, erzählte ich ein paar Kommilitonen, was ich während des Lobpreisgottesdienstes sah, den wir am Abend hielten. Ich sprach mit ein paar Leitern über die Engel, die um das Camp herumschwebten, und ich erzählte sogar einigen Leuten, wie ihr persönlicher Engel aussieht. Das war mehr, als ich seit mehreren Jahren mitgeteilt hatte, aber die Krönung kam nach der Hälfte der Reise.

Da fast dreihundert Studenten von Bethel hier heruntergekommen waren, wäre es verrückt gewesen, uns alle in eine der lokalen Gemeinden zu stopfen, die normalerweise zwischen zwanzig und fünfzig Mitgliedern umfassten. Stattdessen teilten wir uns in kleine Teams auf und gingen in diverse Gemeinden im ganzen Gebiet.

Tagsüber schwärmte mein Team in die Gegend um die Gemeinde herum aus und lud Leute zu dem Gottesdienst ein, den wir abends halten wollten. Wir beteten und heilten auch, wenn wir unterwegs waren. Ich entschied mich, dabei in den Geist zu schauen, sodass ich der Gemeinde mitteilen konnte, was ich sah.

Als ich mich zur Bühne begab, war der Gottesdienst schon gut angelaufen. Verschiedene Leute waren von allem Möglichen geheilt worden, von Rückenschmerzen bis zu chronischen Geschwüren, und die Menge wartete begeistert auf mehr. Jemand gab mir das Mikrofon, und Stück für Stück, wie man eben durch einen Übersetzer spricht, teilte ich mit, was ich gesehen hatte.

Die Stadt lag in einem abschüssigen Tal. Als ich durch den Mischmasch von Häusern aus Spanplatten ging, welche die zugemüllten Straßen säumten, sah ich das Blut Jesu das Tal herabfließen. Das hört sich vielleicht nach einer Szene aus einem

Horrorfilm an, aber das Blut schimmerte gleichzeitig golden und kristallklar, wie das Wasser in der Karibik. Ich sah zwei große Engel am Eingang der Kirche – jeder von ihnen mindestens sechs Meter groß. Sie trugen verzierte Gewänder und aufwändig dekorierte Waffen. Wenn ich zur Decke des Gottesdienstraumes hochschaute, sah ich, dass das Gebäude (im Geist) kein Dach hatte. Nichts trennte sie von dem, was Gott über sie ausgoss.

Als ich dies beschrieb, begann der Übersetzer zu weinen, und mit ihm die ganze Versammlung. Das überraschte mich. Klar, die Dinge, die ich so sah, waren schon echt cool, aber so ähnliche Dinge befanden sich um jede Kirche herum. Es variierte natürlich von Ort zu Ort ein bisschen, aber es war schon immer etwas Nettes dabei.

Der Übersetzer, der sich auch als Pastor herausstellte, beruhigte sich. „Ihr versteht nicht. Dieser Mann wurde von Gott gesandt", sagte er und deutete mit zittriger Hand in meine Richtung.

Das war mir natürlich ziemlich peinlich. Ich vermutete, dass dies im Prinzip richtig war, aber wenn du darüber nachdenkst, ist ja jeder „von Gott gesandt".

„Alles, was du sagst", fuhr er fort und starrte mir dabei direkt in die Augen, was es mir nicht unbedingt leichter machte, „alles, Wort für Wort, ist exakt das, wofür wir gebetet haben!"

Dann richtete er sich an die Menge, obwohl er weiter Englisch sprach: „Wir haben dafür gebetet, dass das Blut Jesu durch dieses Tal fließen solle. Wir baten Gott, mächtige Engel zur Bewachung unserer Tore zu senden. Wir beteten, dass unsere Kirche zum Himmel hin vollkommen geöffnet sein soll."

Ich stand wie angegossen auf der Bühne, völlig perplex über eine einfache Wahrheit, die sich mir irgendwie all die Jahre entzogen hatte. Diese Leute hatten nicht gewusst, dass Gott mit ihnen war. Ja, sie *glaubten,* dass Gott mit ihnen war, sie hatten auch Heilungen und Wunder gesehen, prophetische Worte empfangen und die Gegenwart Gottes in ihrer Mitte gespürt, aber sie hatten nicht gewusst, wie sehr Gott *mit ihnen* war.

Möglicherweise wusste ich es, weil ich mitten im christlichen Dienst aufgewachsen war, oder weil die positive und ermutigende

Art meiner Familie mich beeinflusst hatte, vielleicht auch, weil meine einzigartige Gabe es unmöglich gemacht hatte, die Tatsache zu verfehlen, dass Gottes Hand in allem ist. Was auch immer der Grund war, ich hatte nie erkannt, dass Leute, die Gott kennen, trotzdem nicht wissen können, wie nahe sein Königreich ist.

Mein ganzes Leben lang hatte es mir direkt vor Augen gestanden, aber ich war entweder zu begriffsstutzig oder zu egozentrisch gewesen, um es zu sehen. Wenn Leute mich mit Frage um Frage löcherten, wenn sie mir bis zum Auto folgten und mich zum Essen einluden, wenn sie mich baten, ihnen die Gabe des Sehens zu verleihen: Alles, was sie wollten, war zu sehen, was Gott gerade tat. Ich war irgendwie mit der Annahme durchs Leben gegangen, sie wüssten das alle.

Mich hinzusetzen und mit Gott über das zu sprechen, was ich sah, war das Einzige, das – durch all die Beulen und Prellungen hindurch, die ich erhalten hatte, während ich zu lernen versuchte, wie ich meine Gabe nutzen konnte – funktioniert oder Sinn gemacht hatte. Das funktionierte sehr gut, während alles andere, das mit meiner Gabe zu tun hatte, ständig schief ging, sodass ich die Verbindung mit Gott höher als alles andere achtete. Es wurde so sehr ein Teil von allem, was ich tat, dass ich mir nicht vorstellen konnte, ohne es zu funktionieren.

Leute gaben mir prophetische Worte, durch die ich mich wirklich großartig fühlte, aber sie waren in dem bändelangen Liebesbrief, den Gott an mich geschrieben hatte, nur eine kleine Fußnote. Während das, was Gott mir zu sagen hatte, das Fleisch war, das meine Identität nährte, sah ich alles, was andere zu sagen hatten, als Beilagen und Nachtisch. Genauso ging es mir auch mit den Dingen, die ich sah. Sie waren nett und lustig anzuschauen, aber ich nahm sie lange nicht so wichtig, wie das, was Gott über sie zu sagen hatte.

Ich hatte vorausgesetzt, dass jeder, der die Stimme Gottes hört, auch sein Königreich versteht. Sie brauchten es ja nicht zu sehen, denn es aus seinem Mund zu hören, war doch sowieso das Beste. Das hatte mir das Gefühl gegeben, dass jeder, der mir an den Fersen klebte, damit ich ihm erzählte, was ich sah, oder ihm eine Gabenübertragung geben würde, einfach nur gierig war oder besessen von der Neuartigkeit des Sehens.

Als ich so versteinert und perplex auf dieser Bühne in Mexiko stand, wurde mir klar, dass die meisten Leute das Königreich Gottes tatsächlich nicht *kennen* – sie wissen nur etwas *über* das Königreich.

Einige Tage später kehrte ich nach Redding zurück, immer noch wie betäubt. Ich hatte nun endlich etwas, das ich mein ganzes Leben lang vermisst hatte – einen Grund dafür, warum ich im Geist sehen konnte. Es war nur ein Funke, aber ich wusste, wenn man ihm Zeit geben würde, wäre ich in der Lage, aus diesen Funken ein tobendes Inferno zu entwickeln.

Als ich zu Hause ankam, wurde ich mit einer neuen Herausforderung konfrontiert. Obwohl viele der Studenten davon gehört hatten, was ich während der Reise gesehen hatte, hätte ich es leicht als Eintagsfliege herunterspielen und zu meiner Taktik der geistlichen Abgeschiedenheit zurückkehren können. Aber der Funke hatte bereits ein kleines Feuer in meinem Herzen entfacht. Ich beschloss, dass diese Flammen am besten angefacht würden, wenn ich den Leuten weiterhin von meinem Sehen im Geist erzählte. Ohne allzu viel darüber nachzudenken, fragte ich eine meiner Freundinnen, ob ich in der folgenden Woche in ihrem Hauskreis darüber sprechen könne.

***

Und das bringt mich zurück an den Punkt am Anfang des Buches, als ich voller Panik auf vierzig Leute starrte, die in einer winzigen Wohnung zusammengepfercht waren und alle darauf warteten, dass ich ihnen meine Geschichte erzähle. Einer der Studenten, den ich noch nie getroffen hatte, spielte Gitarre und sie sangen ein paar Lobpreislieder, aber ich war zu nervös, um anzubeten. Ich knetete meine Hände und versuchte herauszufinden, was ich sagen sollte. Aber als der letzte Song endete, war ich noch zu keinem Ergebnis gekommen. So entschied ich mich, einfach alles zu erzählen.

Im Verlauf von etwa dreißig Minuten erzählte ich meine Lebensgeschichte. Es klang befremdlich, sogar in meinen Ohren. Ich hatte noch nie die ganze Geschichte auf einmal erzählt. Als ich fertig war, kamen die Fragen.

Das war der Teil, vor dem mir am meisten graute. Diese Fragen waren der Hauptgrund für meine Abschottung gewesen.

„Was tut mein Engel gerade?"

„Haben Nichtchristen Engel?"

„Kannst du irgendwelche Dämonen auf mir sehen?"

„Kannst du mir beibringen, Engel zu sehen?"

„Wo ist mein Engel, wenn ich auf der Toilette bin?"

Aber aus irgendeinem Grund inspirierten mich solche Fragen plötzlich, die mich vorher noch verwirrt und belästigt hatten. Ich hatte auch auf jede eine Antwort. Einzigartige Illustrationen und Erklärungen von Visionen und Offenbarungen flossen nur so aus mir heraus, was mir früher nicht gelungen war.

Obwohl ich wusste, dass die meisten Leute nicht im Geist sehen können, war ich davon ausgegangen, dass sie irgendeine Vorstellung von ihrer geistlichen Umgebung hatten. In der Vergangenheit hatte sich für mich alles, was die Leute so fragten, gierig und armselig angefühlt. Aber nun war es ganz einfach, ihr Herz zu sehen. Zum ersten Mal betrachtete ich diese Flut von Fragen nicht als übergeistlichen Fanatismus von Eiferern, die nur auf einen Hype aus waren, sondern als den aufrichtigen Hunger derer, die Gott schon ein bisschen geschmeckt hatten und einfach noch mehr wollten.

An diesem Abend beantwortete ich dreieinhalb Stunden lang Fragen. Es war das erste Mal, dass ich mich gut dabei fühlte, die Dinge mitzuteilen, die ich sah. Innerhalb einer einzigen Woche war ich von dem Gedanken, überhaupt keine Ahnung zu haben, was ich mit meiner Gabe anfangen sollte, dahin gelangt, dass ich eine ständig wachsende Liste von Ideen und Möglichkeiten hatte, wie ich sie mitteilen könnte. An einem einzigen Abend kam ich vom Fragen, warum ich überhaupt im Geist sehen konnte, zu dem Wunsch, andere zu lehren, im Geist zu sehen.

Kapitel 6

Jetzt tu es selbst

Mir wurden Geldbeträge angeboten, Geschenke, Begünstigungen, Jobs, Abendessen und sogar Positionen in Gemeinden. Ich wurde gebeten, angefleht, gestalkt und bedroht – alles durch Leute, welche die Gabe des Sehens im Geist haben wollten. Seit dem Tag, an dem ich zum ersten Mal über meine Gabe sprach, ist ganz klar, dass die Leute sie unbedingt einmal erleben wollen. Leider kann ich schon so lange im Geist sehen, wie ich mich erinnern kann. Deswegen fand ich mich eine ganze Zeitlang völlig unqualifiziert, Leute darüber zu lehren, wie man das macht. Das Sehen war für mich genauso natürlich wie atmen.

Im Alter von zwölf bis achtzehn ging es hin und her, was das Teilen meiner Gabe anbelangte. Obwohl ich mich nicht immer wohl dabei fühlte zu erzählen, was ich sah, hatte ich doch eine angeborene Überzeugung, dass meine Gabe eigentlich für jeden, der Gott kannte, verfügbar sein sollte. Ich betete also immer für jeden, der sehen wollte, um eine Gabenfreisetzung. Als ich neunzehn wurde, hatte ich bestimmt schon für dreihundert Leute gebetet, dass sie die Gabe des Sehens im Geist erhielten. Aber nur zwei erhielten sie sofort. Ich bin kein Statistiker, aber ich bin mir ziemlich sicher, dass dies keine gute Ausbeute ist. Abgesehen von ein paar Teenagerjahren, in denen mich die Angst ritt, hatte ich nie ein Problem, für irgendjemanden zu beten, der mich darum bat, aber ich sah kaum mehr als äußerst dürftige Frucht. Leute berichteten, dass sie Lichtblitze sahen oder einen eigentümlichen Schatten aus den Augenwinkeln, aber kaum mehr. Ich begann mein zweites Jahr in der Ausbildung für den Dienst mit dem Wunsch, dass sich dies änderte.

Meine Zimmerkameraden und ich veranstalteten jeden Mittwochabend einen Hauskreis. Ich bereitete mich darauf vor, ihnen meine Geschichte zu erzählen – das zweite Mal, dass ich dies vor einer ganzen Gruppe tat – als ich eine Eingebung hatte. Bisher war ich so vorgegangen: Wann immer ich die Gabe des Sehens im Geist übertragen wollte, sprach ich ein einfaches Gebet, legte meine Hände auf den Empfänger und hoffte, irgendwann später eine positive Rückmeldung zu bekommen. In der Bethel-Schule wurden wir gelehrt, dass wir beim Heilungsgebet den Empfänger auffordern sollten, seine Heilung sofort zu testen:

- „Hüpf mal auf dem Bein."
- „Tut es weh, wenn du den Rücken so drehst?"
- „Würdest du mal versuchen, ein paar Schritte zu gehen?"

Alle diese Fragen waren dazu da, die Heilung einem unmittelbaren Test zu unterziehen. Das war ein entscheidender Schritt, um zu erleben, dass Leute von physischen Leiden geheilt wurden. Und plötzlich kam mir in den Sinn, dass dies mit ein Grund sein könnte, dass ich so wenig Erfolg bei der Gabenübertragung hatte.

Obwohl das Konzept stimmig war, konnte ich mir nicht vorstellen, dass es zu etwas anderem führen würde, als dass eine Gruppe von Leuten im Kreis sitzt, die nacheinander sagen: „Ich sehe gar nichts!" Dann kam mir eine weitere Idee.

„Also gut", sagte ich, nachdem ich meine Lebensgeschichte beendet hatte. „Wir machen jetzt Folgendes: Steht alle auf, und ich werde meine Hände auf jeden von euch legen, um die Gabe des Sehens im Geist freizusetzen."

Ich machte in ein paar Minuten meine Runde durch die etwa zwanzig Leute. Manchmal sind Leute frustriert, wenn ich nur so kurz bete. Ich sage ihnen dann, dass ich immer nur bete, bis ich die Gabe auf ihnen landen sehe. Ich könnte zwar auch länger beten und noch ein paar Bibelstellen von Jesaja einstreuen, aber das wäre nur, um das Ganze auszuschmücken.

Die Wahrheit ist, dass der Hauptteil der Gabenfreisetzung schon geschieht, wenn ich über die Dinge spreche, die ich sehe.

Während ich meine Geschichten und Erfahrungen mitteile, sehe ich bereits, dass die Salbung für das Sehen im Geist aus mir herausfließt – genauso wie ich sicher bin, dass der größte Teil der Übertragung geschieht, während du dieses Buch liest. Ich bete nur, um das zu versiegeln, was bereits getan ist.

„Ich möchte, dass ihr jetzt Folgendes tut", sagte ich, als ich meine Runde beendete. „Schließt eure Augen und fragt den Geist, wo sich etwas im Raum befindet. Es kann ein Engel sein, oder ein offener Himmel oder was auch immer. Sobald du den Eindruck hast, dass du weißt, wo etwas ist, schau dort hin und bitte den Heiligen Geist, es dir zu zeigen.

Wenn du etwas mit deinen Augen siehst, ist das wunderbar", fuhr ich fort. „Aber wenn du es nicht auf diese Weise siehst, dann versuch danach zu schauen, wie du versuchen würdest, ein prophetisches Wort oder Bild zu bekommen. Bitte den Geist, es dir vor den inneren Augen zu zeigen. Es kann genauso gut ein vager Eindruck davon sein wie eine generelle Idee. Nutze einfach die Gabe, mit der du vertraut bist, um zu empfangen, was im Raum geschieht. Ich gebe euch zwei Minuten."

Offen gesagt, hätte ich nicht gedacht, dass es funktioniert. Um für den unwahrscheinlichen Fall bereit zu sein, dass es doch klappte, machte ich eine schnelle Inventur der geistlichen Aktivitäten im Raum. Ein Schutzengel stand am Vordereingang Wache, während ein ähnlicher Engel die Tür zum Hinterhof abdeckte. Ein wirbelnder Strudel hatte einen Tunnel in der Zimmerdecke geöffnet – eine regelmäßige Erscheinung, immer wenn ich über das Sehen im Geist sprach. Ein verzierter, goldener Bogen überwölbte die Fronttür und goss flüssiges Licht auf jeden, der die Schwelle übertrat.

All das war von einem dichten Nebel eingehüllt, der alles eher sichtbarer machte, als dass er es verbarg. Das waren natürlich nur die Highlights. Jeder hatte seinen eigenen Engel bei sich, und sein persönliches, geistliches Ökosystem. Und unzählige verschiedene Lichter und Wirbel schwebten um jeden herum.

Die Mitglieder des Hauskreises blinzelten aufmerksam im Raum herum. Niemand sprang vom Stuhl auf oder begann wild zu kreischen, weshalb ich vermutete, dass diese neue Methode doch nicht so effektiv war. Zwei Minuten verstrichen und wir erzählten reihum. Jeder hatte die typischen Sachen gesehen, die sie immer sahen, wenn ich für sie betete: ein flüchtiger Blitz von etwas auf der Wand, ein Lichtzucken da drüben oder aus dem Augenwinkel ein vager Schatten in jener Ecke dort. Was mich schockte, waren die Sachen, welche sie *ohne* ihre Augen sahen.

Drei verschiedene Leute sahen mit ihren inneren Augen ein Bild von dem Schutzengel an der Fronttür. Zwei sahen einen Schimmer über dem Eingang und hatten den Eindruck von strömendem Wasser und Segnungen. Alles in allem sahen 80 Prozent der Leute in meinem Wohnzimmer etwas, das sich mit dem deckte, was ich selbst oder jemand anderes in dem Raum gesehen hatte.

Da bisher etwa 99 Prozent meiner Versuche in Enttäuschung geendet hatten, war ich so überrascht, wie jeder andere. Klar, jeder sah nur die ersten Federstriche auf der Oberfläche des geistlichen Bereichs mit seinen Augen, aber indem sie die Gaben nutzten, mit denen sie vertraut waren, offenbarte Gott ihnen, was sich hinter diesem Lichtblitz oder jenem Kräuseln in der Luft verbarg.

Ich weiß nicht, warum ich nicht schon vorher daran gedacht hatte. Der geistliche Bereich ist ein realer Ort, genauso real wie der physische Bereich. Aller Wahrscheinlichkeit nach nimmst du die physische Welt hauptsächlich durch deine Augen wahr, aber das bedeutet ja nicht, dass du nicht auch eine Menge Informationen über die Welt um dich herum durch andere Sinne empfängst. Ich würde sogar wetten, dass du mit verbundenen Augen in einem unvertrauten Raum letztendlich doch eine Grundvorstellung von dem bekommen würdest, was sich darin befindet, und es beschreiben könntest.

Da unsere geistlichen Sinne noch viel feiner eingestellt werden können als die physischen, ist es einleuchtend, dass jeder in der Lage sein sollte, eine vernünftige Vorstellung von seiner geistlichen Umgebung zu erhalten.

Denke bitte nicht, dass ich dich an den flachen Rand des geistlichen Beckens verdamme. Je mehr Zeit ich damit verbringe, Leute im Sehen anzuleiten, desto klarer wird mir: Das zu fördern, was du hast, ist der schnellste Weg zu erlangen, was dir fehlt. Indem ich die Leute dazu aufforderte, durch ihre vertrauten Gaben den geistlichen Bereich zu erkennen, gab ich ihnen etwas, was sie erreichen konnten.

Geistliche Gaben sind ein Ausdruck der Beziehung zu Gott. Er gibt sie freiwillig und nimmt sie nicht wieder weg. Man kann sie nicht verdienen, aber wie gut sie sich entwickeln, steht in einem direkten Zusammenhang mit deiner Beziehung zu Gott. Indem ich den Leuten einen einfachen und praktischen Weg gab, im Geist zu sehen, entdeckte ich eine Möglichkeit, wie das Sehen zu einem Teil ihrer gewohnten Interaktion mit Gott werden konnte.

***

Der erste Schlüssel für das Sehen im Geist ist zu schauen. Das mag allzu offensichtlich sein, aber es ist einer der wichtigsten Gründe, warum Leute nicht sehen. Ob es nun deswegen ist, weil sie denken, dass sie nichts sehen, oder ob sie Angst vor dem haben, was sie sehen könnten oder einfach nur nicht darüber nachgedacht haben – die meisten Leute machen nie einen Versuch.

Sich regelmäßig einen Moment zu nehmen, um zu empfangen, was sich gerade in der geistlichen Welt abspielt, ist einer der schnellsten Wege, darin zu wachsen. Ich glaube, es ist ideal, wenn du selbst mit dem Heiligen Geist herausfindest, auf welche Weise du dein Sehen am besten entwickeln kannst. Damit meine ich: Lass dich vom Heiligen Geist lehren, wie man sieht.

Mir ist klar, dass dies eine etwas vage Anleitung ist, aber die Fähigkeit, mit dem Heiligen Geist zu kommunizieren, ist entscheidend für deinen Erfolg in dieser Sache, ganz abgesehen von der Wirkung, welche es auf jeden anderen Aspekt deines Lebens hat. Für diejenigen, welche die Unklarheit des „Lass einfach den Heiligen Geist dir zeigen, wie man sieht" frustrierend finden, kommt nun die einfache Schritt-für-Schritt-Anleitung, wie ich sie auch meinem Hauskreis gegeben habe:

1. Schließe deine Augen und frage den Heiligen Geist, wo du hinschauen sollst.

Möglicherweise hörst du eine konkrete Richtung. Vielleicht siehst du auch eine Stelle vor deinem inneren Auge oder du bekommst einen vagen Eindruck von einem bestimmten Bereich. Wenn der Heilige Geist mir etwas zeigen will, spüre ich häufig ein leises, ziehendes Gefühl, als würde sich mein Gleichgewicht fast unmerklich in eine bestimmte Richtung neigen. Das mag von Person zu Person verschieden sein. Wenn du aus irgendeinem Grund keine klare Wahrnehmung hast, wohin du schauen sollst, suche dir einfach einen möglichen Punkt aus. Es ist besser, ohne Erfolg zu schauen, als dich in den Details zu verheddern.

2. Öffne deine Augen, schau zu dem Punkt und bitte den Heiligen Geist, dir zu zeigen, was sich dort befindet.

Vielleicht siehst du augenblicklich einen Engel mit deinen physischen Augen. Ich würde lügen, wenn ich sagte, dass dies immer geschieht, allerdings habe ich bei solchen Gelegenheiten schon einige lustige Gesichtsausdrücke gesehen. Viele Leute sehen ein Kräuseln in der Luft, wie das Hitzeflimmern über dem Asphalt an einem heißen Sommertag. Manche sehen ein flüchtiges Aufleuchten oder einen Lichtstrahl. Ich sehe meist eine glühende Masse oder einen vagen Schatten. Die Details kommen, wenn ich es fokussiere, obwohl ich manchmal auch in dem Moment des Schauens sofort alles ganz klar sehe. Falls du gar nichts siehst, erwarte es auf die Weise, wie du normalerweise eine Antwort des Heiligen Geistes oder ein prophetisches Wort empfangen würdest. Vielleicht kommt dir ein Bild in den Sinn oder ein Satz. Sogar ein Eindruck der Freude oder des Friedens kann ein Hinweis auf das sein, was sich an diesem Ort im Raum aufhält.

3. Bitte den Heiligen Geist, dir zu erklären, was du siehst.

Du wirst vielleicht nicht gerade eine Erklärung im Stil einer Naturdokumentation erhalten, welche dir die eigenartigen Verhaltensweisen und die einzigartige Physiologie jedes einzelnen Engelwesens erklärt, das du siehst, aber ich habe herausgefunden, dass der Heilige Geist immer ganz begeistert davon ist mitzuteilen, was in seinem Königreich vorgeht. Das ist meiner Meinung nach der wichtigste Schritt in dem Prozess. Es verhindert, dass dein Sehen nur einfach etwas Neues für dich ist und macht es zu einer Methode, deine Beziehung zu Gott zu vertiefen.

Ich empfehle dir, diese Übung, oder welche Methode auch immer du für dich selbst ausgedacht hast, so oft wie möglich zu nutzen. Wenn du im Bus sitzt, am Flughafen wartest, im Stau steckst oder im Lobpreis bist – die Geistwelt ist immer lebendig und aktiv. Jede Person, die ich kenne, welche diese Gabe konsequent verfolgt hat und regelmäßig „Seh-Versuche" gemacht hat, ist beständig im Sehen im Geist gewachsen.

Mögliche Blockaden

Da ich bereits seit mehreren Jahren Leute darin lehre, im Geist zu sehen, habe ich inzwischen herausgefunden, dass die meisten ganz natürlich damit zurechtkommen. Aber wie mit allem, das mit Gott zu tun hat, sind bestimmte Kräfte daran interessiert, dich vom Sehen abzuhalten. Der dämonische Widerstand ist größtenteils zu schwach, als dass man sich damit beschäftigen müsste, besonders wenn man ihn aus unserer Position in den Armen des Königs der Könige sieht. Innere Widerstände halten uns sehr viel effektiver davon ab, dass Gottes übernatürliche Kraft und Liebe unsere Herzen erreicht.

Ich habe ein paar der Hauptthemen aufgelistet, die deine Fähigkeit, in den geistlichen Bereich zu sehen, sabotieren könnten. Glücklicherweise ist jedes Einzelne dieser Probleme hervorragend durch das zu lösen, was auch dein Sehen verbessert: Zeit im Zwiegespräch mit deinem Schöpfer zu verbringen.

Furcht

Die wichtigste Taktik des Feindes ist Furcht. Furcht ist Glaube an den Teufel – zu glauben, dass Gott nicht in der Lage ist, dich zu beschützen und zu führen. Der Teufel hat eine gewisse Macht, aber er hat keine Autorität, es sei denn, du gibst sie ihm durch deinen Glauben.

Ich bin überzeugt davon, dass die Quälereien, die ich als Kind erlebte, ein aggressiver Versuch waren, mich durch Angst von der Gabe zu trennen, die Gott mir gegeben hat. Ich treffe regelmäßig Leute, die ähnliche Probleme wie ich hatten. Oft fürchten sie sich, erneut diese beängstigenden Bilder zu sehen.

Leute, die zuvor noch nie etwas gesehen haben, scheuen davor zurück, diese Gabe zu suchen, wenn sie von mir die weniger netten Dinge hören, die ich sehe, da sie befürchten, dass sie mit solchen dunklen Visionen nicht umgehen können. Es stimmt zwar, dass einiges von dem, was ich sehe, grotesk und unerfreulich ist, und dass die dämonischen Mächte, die versucht haben, dich von deiner Begabung abzuhalten, vielleicht erneut versuchen, dich zu drangsalieren. Doch nichts davon macht etwas aus, wenn du eng mit Gott verbunden bist.

Jesus starb, damit wir wieder eine enge Beziehung zu Gott haben können. Dieses Opfer ist die Antwort auf alles. Die böswilligsten Machenschaften des Feindes zerbröseln an Gottes Schienbein wie ein Streichholzauto, das versucht, einen Panzer zu rammen. Der Feind hat Panik vor Leuten, die im Geist sehen können, da dies seine Machtlosigkeit und Gottes Größe offenbart.

Mangelnde Vergebungsbereitschaft

Wenn es eines gibt, das dich davon abhalten kann, Gottes Güte zu erfahren, dann ist das mangelnde Vergebungsbereitschaft. Wenn wir uns dafür entscheiden, nicht zu vergeben, verbieten wir anderen genau das, was uns Zutritt zu Gottes Gegenwart gewährt hat. Jesu Tod am Kreuz war seine Antwort auf das Gesetz der Sünde und des Todes. Es war der ultimative Akt der Vergebung. Gott schaute auf die gesamte Menschheitsgeschichte und sah jede finstere Entscheidung jeder einzelnen Person. Und dennoch entschied er sich, dass wir der Vergebung wert sind.

Dieser Akt der Vergebung ist das Einzige, was seiner Gegenwart erlaubt, in unser Herz zu kommen. Wenn du nicht vergibst, hast du es abgelehnt, das Leben aus Gottes Perspektive zu sehen.

Vielleicht bist du sogar fähig, trotz dieses Nichtvergebens in den geistlichen Bereich zu schauen, aber ich garantiere dir, dass du ihn nicht durch Gottes Augen sehen wirst.

Was ist die Lösung? Wenn du denen, welche dir Unrecht getan haben, nicht vergeben kannst, dann suche im Herzen des Vaters. Dort wirst du Vergebung finden.

Beleidigt sein

Jesus hatte keinerlei Problem damit, Leuten auf den Schlips zu treten. Er forderte die Pharisäer aufgrund ihrer religiösen Ansichten regelmäßig auf sehr konfrontative und kreative Weise heraus. Eine Samariterin verglich er mit einem Hund (vgl. Mt 15,21-28). Und er verprellte die meisten seiner Nachfolger, indem er sie aufforderte, sein Blut zu trinken und sein Fleisch zu essen (vgl. Joh 6,51-54). In allen bis auf einen dieser Fälle verpassten die Leute den Segen, den Jesus für sie hatte, weil sie beleidigt waren.

Die Pharisäer waren so gefangen darin, ihr selbst aufgebautes, religiöses Ansehen zu schützen, dass sie unfähig waren, den Erlöser zu erkennen, obwohl sie ihr Leben damit verbracht hatten, ihn in der Schrift zu studieren. Die Menge um Jesus verließ ihn, als er sie aufforderte, ihn zu trinken und zu essen, weil sie das Herz hinter seinen Worten nicht hören konnten (vgl. Joh 6,53). Allein die Samariterin ließ sich von der möglichen Kränkung nicht aufhalten und empfing das Wunder, nach dem sie suchte (vgl. Mt 15,27-28).

Kränkungen kommen meist durch Unsicherheit. Durch alles, was unsere selbst geschaffene Identität in Frage stellt oder unserer gewohnten Weltsicht widerspricht, fühlt man sich angegriffen.

Die Lösung ist zweifach: Werde ein Experte darin, dich immer dann mit dem Heiligen Geist zu verbinden, wenn du etwas nicht verstehst. Und mache deine Beziehung zu Gott zum Kern deiner Identität.

Wenn du im Geist sehen willst, wirst du Dinge sehen, die deine Überzeugungen, deine Wahrnehmungen sowie deine Identität herausfordern werden. Auf dich allein gestellt, ist das beängstigend. Aber wenn du auf Gottes Schoß sitzt und seine Stimme im Ohr hast, ist es aufregend.

Religion

Durch Rituale und Mühe versucht Religion zu erlangen, was Gott dir durch deine Beziehung zu ihm schenken möchte. Echte Beziehungen sind beängstigend, da in einer wahren Beziehung beide Parteien frei sind.

Meine Frau könnte beschließen, dass sie jemand anderen mehr mag als mich. Ich würde mir selbst etwas vormachen, wenn ich dächte, dass das Zitieren der Schrift oder eine Predigt über den Wert der Hingabe sie davon abhalten könnte, eine solche Entscheidung zu treffen. Sogar die Versprechungen, die wir uns an unserem Hochzeitstag gegeben haben, hätten nicht genug Kraft zu verhindern, dass sie mich verlassen könnte.

Was meine Frau daran hindert, mich zu verletzen, ist die Wertschätzung, welche sie für mein Herz hat. Sie braucht niemanden, der ihr sagt, dass Ehebruch falsch ist. Sie weiß, dass es mir das Herz brechen würde. Durch Liebe und Vertrauen haben wir in unserer Ehe eine Sicherheit aufgebaut, die durch Regeln oder Vorschriften niemals erreicht werden könnte. Ich habe ihr mein Herz gegeben, und sie mir ihres. Und nun ist es unsere Aufgabe, das zu bewahren.

Im Alten Bund war es gegen das Gesetz, die Ehe zu brechen. Jesus bezeichnete es schon als falsch, auch nur lustvoll an jemanden zu denken (vgl. Mt 5,27-28). Im Alten Bund war es auch gegen das Gesetz, jemanden zu töten. Jesus bezeichnete es schon als falsch, jemanden zu hassen (ebd. 43-44). Verschärfte Jesus das Gesetz? Nein! Er offenbarte dessen Herz!

Jesus sagte, dass wir nun nicht länger Sklaven sind, sondern Freunde (vgl. Joh 15,15). Paulus schrieb, dass wir durch das Opfer Jesu zu Miterben mit Christus gemacht wurden (vgl. Rö 8,16-17). Die Bestrafungen und Regeln stehen nicht mehr im Vordergrund, da Gott bekommen hat, was er ursprünglich wollte: einen Ort, wo er sein Herz hineingeben konnte.

Die Bibel ist keine Sammlung von Gesetzen und Vorschriften, die man befolgen muss, um einen Platz nahe bei Gott zu verdienen. Sie ist ein Bild von Gottes Suche nach dem Menschen, das über tausende von Jahren gemalt wurde. Es ist die Geschichte des Bräutigams, der seine Braut sucht. Wird dich, wenn du sündigst, der Blitz treffen oder wird er alle seine Segnungen von deinem Leben abziehen? Sicherlich nicht! Aber er hat dir sein Herz gegeben, damit du es bewahrst.

Religion hält dich davon ab, im Geist zu sehen, weil sie eine Mauer aus Vorschriften und Pflichten an die Stelle setzt, wohin Gott seine Liebe setzen wollte. Sie macht dich zum Sklaven, während er sich nach Söhnen und Töchtern sehnt.

Unabhängigkeit

Es sollte klar sein, dass ich in diesem Teil nicht von deiner Fähigkeit spreche, als selbständiges Wesen zu leben. Genauso wenig ist hier die Rede von der amerikanischen Unabhängigkeitserklärung, die am 4. Juli gefeiert wird. Mit *Unabhängigkeit* meine ich den Geist der Trennung, der dich glauben macht, du bräuchtest die anderen nicht.

Das ist einer der Hauptangriffe gegen alle prophetisch begabten Leute. Ich glaube, dass das Prophetische am besten zum Ausdruck kommt, wenn man Menschen hat, mit denen man sich austauscht und auf die man hört. Du brauchst Leute in deinem Leben, die dich sowohl lieben und ermutigen, als auch dich warnen, falls du mal entgleist. Jede Gabe oder Offenbarung, die nicht in liebevolle Beziehungen zu anderen eingebettet ist, solltest du in Frage stellen.

Die meisten Propheten der Bibel folgten diesem Modell und dienten in der Priesterschaft oder unter einem König. Nur in seltenen und extremen Umständen operierten sie unabhängig. Dazu kommt, dass die Leute deine Offenbarungen sehr viel mehr schätzen, wenn sie wissen, wer du bist. Es ist schwierig zu wissen, wie man einen wilden Seher einschätzen soll, der in der Wüste herumrennt. Wenn du jedoch Teil einer Gemeinschaft bist, die

Gottes Gnade auf deinem Leben erkannt hat, hast du für deine Offenbarungen einen Kontext.

Die hauptsächliche Begründung für geistliche Unabhängigkeit ist die Vorstellung, dass du alles, was du brauchst, von Gott bekommst. Obwohl es wahr ist, dass Gott *in der Lage* ist, alle deine Bedürfnisse auszufüllen, glaube ich nicht, dass dies auch seine *Absicht* ist.

Das war für mich persönlich ein großer Kampf, während ich lernte, meine Gabe zu nutzen. Mein Austausch mit anderen Leuten in Bezug auf den Geist war permanent frustrierend, während meine Dialoge mit Gott Spaß machten und absolut erleuchtend waren. In Wahrheit beschränkte ich mich allerdings auf meine eigene Perspektive der Dinge, die ich sah, indem ich meine Erfahrungen für mich behielt. Obwohl jede Antwort im Herzen Gottes ist, glaube ich, dass er einige dieser Antworten in den Leuten um uns herum verbirgt, weil er möchte, dass wir einander brauchen.

Alles, was Gott tut, hat die Familie als Modell. In dieser Struktur gedeihen Wachstum und Gesundheit. Du brauchst geistliche Väter und Mütter, die in dein Leben sprechen, Brüder und Schwestern, die neben dir laufen, und Kinder, in die du dich investieren kannst. In einer solchen Struktur ist es schwer, weit vom Weg abzukommen, und es ist einfach zu wachsen.

EPILOG

Warum?

Als ich noch jünger und reizbarer war, fragte ich die Leute, warum sie denn im Geist sehen wollten, wenn sie zu mir kamen und nach einer Gabenübertragung suchten. Zum einen lag das daran, dass ich von der ständigen Aufmerksamkeit genervt war, die meine Gabe mit sich brachte, und zum anderen stellte ich mir diese Frage selbst immer wieder. Ich bekam viele Antworten auf meine Frage, wie z. B.:

- „Weil ich schon immer sehen wollte."
- „Weil ich schon immer Dinge gespürt habe, und ich glaube, ich würde mich weniger verrückt fühlen, wenn ich sie auch sehen könnte."
- „Weil es bestimmt Spaß macht, Engel zu sehen."

Keine dieser Antworten war schlecht, aber keine davon beantwortete die Frage, die in meinem Herzen brannte. Sicher, es segnete die Leute, wenn ich ihnen erzählte, wie ihre Engel aussahen. Und es half den Leitern, wenn ich ihnen mitteilte, was während eines Treffens geschah. Aber das war mir nicht genug.

Diese praktischen Anwendungen machten mich zu einem wirksamen Diener; ich war aber nicht effektiver als eine durchschnittliche prophetische Person. Ich wusste, dass es einen tieferen Sinn für mein Sehen geben musste. Wie ich schon hätte ahnen können, war es bereits in jeder einzelnen meiner Visionen enthalten gewesen. Aber ich brauchte zwanzig Jahre des Sehens, um es zu erkennen.

Der Schleier

Als ich fünfzehn war, ging ich einmal nach England zu einer „Soul Surviver"-Konferenz. Dies war der letzte Teil einer zweiwöchigen Missionsreise mit meiner Jugendgruppe nach Europa. Die dreitägige Veranstaltung wurde in einer großen Viehversteigerungshalle abgehalten. Die meisten der 3000 Besucher zelteten auf den Viehwiesen rund um das Gebäude.

Am letzten Abend der Konferenz saß ich vorne auf der Tribüne, von der aus man die Menge der Leute überblicken konnte. Der Hallenboden, auf dem sich vermutlich normalerweise die Tiergehege befanden, war reihenweise vollgepackt mit jungen Leuten, die Mike Pilavachi zuhörten, der gerade predigte.

Durch meine jahrelange Gemeindeerfahrung war mir klar, dass er auf einen Altarruf abzielte. Da ich bereits den größten Teil meines Lebens gerettet war, fühlte ich mich berechtigt, den Rest der Botschaft zu ignorieren und versuchte ein paar Momente kostbaren Schlafs zu gewinnen. Dann sah ich Jesus.

Er schritt zwischen der Bühne und der ersten Stuhlreihe auf und ab. Er sah nicht aus wie dieser stereotype, bärtige Jesus in einem Gewand, den ich in so vielen Sonntagsschulmalbüchern gesehen hatte. Abgesehen von dem schwachen Leuchten um seinen Kopf, hätte er auch in einem Supermarkt oder in der Abteilung für klassische Literatur eines Buchladens nicht deplatziert gewirkt. Aber sobald ich ihn sah, wusste ich, dass es Jesus war, was mich dazu bewog aufzustehen.

Er fuhr damit fort, auf und ab zu schreiten. Dabei wandte er seinen Blick niemals von einem Punkt irgendwo hinten im Raum ab. Obwohl dies unter normalen Umständen unmöglich gewesen wäre, folgte ich seinem Blick ungefähr neunzig Meter nach hinten, wo eine junge Frau saß, die den Kopf auf die Abtrennung gesenkt hatte, welche sich zwischen der ersten Reihe der Tribüne und dem Hallenboden befand.

„Er sieht niemanden außer ihr", sagte eine Stimme in meinem Kopf.

Der Raum begann zu verblassen, als ich Jesus dabei beobachtete, wie er auf und ab schritt. Zwar konnte ich den Raum immer noch sehen und Mike predigen hören, aber ich blendete diese Dinge aus, sodass ich mich mehr und mehr auf Jesus und das Mädchen hinten im Raum fokussieren konnte. Sogar die Wahrnehmung für meinen eigenen Körper ließ nach. Entfernt hörte ich, wie Mike begann, die Leute nach vorne einzuladen.

Ich spürte mehr, als dass ich sah, wie das Mädchen als Antwort darauf ganz minimal den Kopf zur Seite neigte. Ich sah eine Bewegung, aber Jesus benötigte keine Zeit, um von vorne, wo er vor der Bühne hin und her gegangen war, nach hinten zu der Abtrennung zu gelangen. Jetzt stand er vor ihr.

Der Raum war so gut wie verschwunden, die freundlichen Worte des leidenschaftlichen Predigers weit entfernt und gedämpft. Ich konnte den Boden unter meinen Füßen nicht spüren, da jeder Millimeter meines Bewusstseins in die Szene dort unten involviert war.

Das Mädchen hob ihren Kopf gerade genug, um Jesus in die Augen zu schauen. Sofort erschienen Ketten um ihren Hals, dann um ihre Schultern und um ihre Taille, bis sie vom Hals bis zu den Knien damit bedeckt war. In vier langen Strängen gingen diese Ketten von ihr weg. Am Ende jeder einzelnen zerrte ein wütender Dämon. Das Gewicht der Ketten ließ sie zu Boden sinken, doch das spielte keine Rolle.

Jesus lehnte sich nach vorne und küsste sie auf die Stirn. Jedes Glied der Kette zersprang in zwei Hälften, beginnend bei ihrem Hals und dann über ihren ganzen Körper laufend wie bei einem Strang von Feuerwerkskörpern. Die Dämonen verloren den Halt und fielen nach hinten, während gleißend weißes Licht die Welt überblendete.

Meine Sicht kam langsam zurück, doch nicht so der Raum. Stattdessen waren da nur Jesus und das Mädchen. Der Prediger und die Versteigerungshalle waren weg, und ich fühlte mich nicht solider als ein Paar körperlose Augen.

Die Zufriedenheit eines ganzen Lebens war Jesus ins Gesicht geschrieben, und das Mädchen stand nun in langen weißen

Kleidern da. Das mag sich nach christlichem Klischee anhören, aber die Kleider waren weißer als weiß – das Weißeste, was ich je gesehen habe, davor und danach. Jesus öffnete die Arme und das Mädchen stürzte nach vorne, ließ sein Gesicht an seine Brust sinken und schlang seine Arme um seinen Leib. Ich fühlte mich verlegen, als ob ich unversehens mit schlabbrigen Jogginghosen und fleckigem T-Shirt in eine Hochzeit gestolpert wäre. Dann bildete sich etwas Schweres über mir.

Ich blickte hinauf und sah eine gigantische Hand vom Himmel herabkommen, jeder Finger so stark wie ein Baseballschläger. Der Zeigefinger streckte sich aus und berührte meine Stirn. Als wäre ich in einen Pool mit Eiswasser gefallen, schnellte ich mit solcher Kraft in die sichtbare Realität zurück, dass ich rückwärts in meinen Stuhl plumpste. Einen Moment saß ich da und fühlte mich wie kurzgeschlossen, stand aber gerade rechtzeitig auf, um zu sehen, wie das Mädchen von hinten nach vorne durch den Mittelgang rannte, um Jesus in ihr Leben aufzunehmen (obwohl sie das schon längst getan hatte).

Der Rest der Versammlung ging wie Nebel an mir vorbei. Ich bemerkte noch nicht einmal, dass sie zu Ende war, bis die Leute sich an mir vorbeischoben, um zum Ausgang zu kommen. Dann stand ich auf, ohne wirklich darüber nachzudenken, was ich tat. Dabei heftete ich meine Augen auf ein Mädchen unserer Jugendgruppe, um in der strömenden Menge nicht verloren zu gehen.

Ich hatte in unserer Gemeinde in Kalifornien ein halbes Dutzend Mal mit ihr gesprochen, sie jedoch auf unserer Reise kein bisschen näher kennengelernt. Aber nun sah ich in einem Augenblick ihr gesamtes Leben.

Ich sah jeden Moment, spürte jede Emotion und konnte nicht wegsehen. Ich sah jede Entscheidung, die sie getroffen hatte – gut oder schlecht – und den Prozess, der jeweils zu dieser Entscheidung geführt hatte. Ich sah jede Sünde, jede Lüge und jeden Fehler. Ich sah heimliche Hoffnungen, verborgene Träume und private Gebete. Ich sah jeden Moment ihrer Zukunft und dann jede mögliche Zukunft, basierend auf jeder Entscheidung, die sie treffen oder nicht treffen würde. Ich sah das ganze Maß ihres Potenzials und wie weit sie es ausschöpfen würde. Emotionen flossen schneller, als ich sie erfassen konnte. Triumpf, Einsamkeit, Lachen, Scham, Hoffnung, Furcht, Wärme, Trauer und Euphorie, alles wirbelte und verfestigte sich dann in einem unwahrscheinlich tiefgründigen Ganzen – Liebe!

Diese Liebe war vollkommener, als ich sie je gefühlt hatte, die Summe aller Momente eines Lebens, mit liebevollen Augen gesehen. Sie war größer als alles, was ich je empfangen, und einfacher als alles, was ich je erlebt hatte. Plötzlich verstand ich, warum sich Jesus entschieden hatte, am Kreuz zu sterben, und in diesem Moment hätte ich das Gleiche getan.

Überwältigt riss ich meinen Blick von dem Mädchen los, aber wie durch einen Magneten gezogen, fiel er nun auf einen der Jungen aus der Jugendgruppe. Erneut strömte eine komplette Lebenszeit durch meine Augen in mich hinein. Wieder füllte eine Liebe, die ich nicht erklären oder erfassen konnte, meine Brust, bis ich mich selbst losriss, um mich vor dem Zerspringen zu bewahren. Dann fingen meine Augen einen beliebigen anderen Besucher der Konferenz ein, den ich nicht kannte. Aber ich wusste alles, was man über ihn nur wissen konnte.

Ich sprang von Person zu Person und kämpfte dagegen an, dass mein Gehirn nicht explodierte. Ich wollte prophezeien, singen, predigen, jedem die Hände an die Wangen legen und in sein Gesicht rufen: „Du bist geliebt!" Aber stattdessen stolperte ich nur durch die Menge, mit zerbrochenem Herzen angesichts der Tatsache, wie jämmerlich ungeeignet jeder Versuch wäre, diese Liebe mitzuteilen.

Ich presste mein Kinn auf meine Brust und marschierte hinter meinem Jugendpastor her, die Augen fest auf den Boden gerichtet. Doch dann kreuzte jemandes Fuß meinen Blick und ich sah alles über sein Leben, noch bevor ich sein Gesicht sah. Irgendwie schaffte ich es in mein Zelt und fiel mit dem Gesicht nach unten in mein Kissen.

***

Manche Leute sagen, dass es das „Sehen im Geist" gar nicht gibt. Sie sagen, dass die Sehenden ein sehr hohes Maß an „Geisterunterscheidung" haben. Das ärgerte mich und tut es bis zu einem gewissen Grad immer noch. Hauptsächlich, weil wir oft zu viel Zeit damit verbringen, die Gaben zu kategorisieren und zu definieren, die dazu gedacht sind, ein Ausdruck unserer Beziehung mit Gott zu sein. Ich habe nichts gegen die Ansicht, dass Seher einfach von einem hohen Level der Unterscheidung aus agieren, solange wir verstehen, was die Gabe der Unterscheidung von Geistern ist.

Es ist allgemein akzeptiert, dass es bei der Unterscheidung der Geister darum geht, zu bestimmen, was von Gott und was vom Teufel kommt. Das ist die einfachste Stufe der Geisterunterscheidung. Jeder Christ, der auch nur ansatzweise eine Beziehung zum Heiligen Geist hat, kann den Unterschied zwischen etwas Göttlichem und etwas Dämonischem identifizieren. Ich glaube, dass es die Berufung jedes Christen ist, die *Wege* Gottes zu erkennen.

Als Jesus am Kreuz starb, geschah eine Menge. Das Gesetz der Sünde und des Todes wurde erfüllt. Die verloren gegangene Beziehung zwischen Gott und Mensch wurde wiederhergestellt und in ihre ursprüngliche Herrlichkeit zurückversetzt. Und ein Vorhang wurde zerrissen.

Jeder Prediger, der sein Geld wert ist, wird an dieser Stelle darauf hinweisen, dass der Vorhang von oben nach unten zerrissen wurde – mindestens fünf Mal. Obwohl es natürlich keinen Zweifel daran gibt, aufgrund wessen Einsatz die Barriere zwischen dem Allerheiligsten und dem Rest des Tempels fiel, gibt es doch verschiedene Ansichten über die Schlussfolgerungen dieses mächtigen prophetischen Symbols. Ich kann nicht anders als zu glauben, dass Gott damit sagen wollte, dass die Barriere zwischen seinem Königreich und unserem – dem Königreich des Himmels und der Erde – weggenommen wurde. Das, so nehme ich an, ist der Grund, warum Jesus so viel Zeit damit verbrachte, seine Nachfolger zu lehren, wie man das Königreich erkennt. Jesus sagte zu seinen Jüngern:

Ich nenne euch nicht mehr Sklaven, denn der Sklave weiß nicht, was sein Herr tut; euch aber habe ich Freunde genannt, weil ich alles, was ich von meinem Vater gehört, euch kundgetan habe (Joh 15,15).

In den ersten neunzehn Jahren meines Lebens war das Sehen im Geist eine ungeheuer frustrierende Gabe. Der Reiz herumflitzender Engel ist an mir vorbeigegangen, da ich die Welt nie anders gesehen hatte. Es war nicht so, dass ich es an sich nicht interessant fand, aber ich sah keinen anderen Sinn darin, außer dem Reiz des Neuen.

Dieser Gedankenprozess führte dazu, dass ich denen grollte, die so leidenschaftlich gern meine Gabe haben wollten, da sie aus meiner Sicht die Engel nur deshalb sehen wollten, um ihren laschen Glauben aufzupolstern. Auch wenn das ein edles Ziel war, trug es nicht viel dazu bei, das große Loch zu füllen, das in meinem Sehen existierte, dort wo der Sinn eigentlich hätte sein sollen. Nur wenn ich hinten in der Gemeinde saß und mit Gott über das sprach, was geschah, fühlte ich mich bei meinem Sehen gut.

Jesus sagte seinen Jüngern, sie seien nun keine Sklaven mehr, sondern Freunde, und ein Beleg für diese Veränderung in der Beziehung war, dass er sie teilhaben ließ an dem, was der Vater gerade tat. Nachdem ich fünfundzwanzig Jahre unwissend durch den geistlichen Raum gestolpert war, kam ich zu der Erkenntnis, dass ich deshalb im Geist sehen konnte, weil Gott mich wissen lassen will, was er gerade tut.

Wenn ich eine Firma habe, muss ich meinen Angestellten nur das mitteilen, was sie für die Ausführung ihres Jobs benötigen. Das Warum müssen sie gar nicht wissen. Es ist für einen Angestellten auch egal, was Dave drüben in der Buchhaltung macht. Alles, was er wissen muss, ist das, wofür er bezahlt wird. Wenn er allzu viele Fragen stellt, könnte ich ihm das als Aufsässigkeit auslegen. Und eine eigene Meinung zu haben, führt für ihn wahrscheinlich eher zu einem Tadel als in eine Beförderung.

Wenn allerdings mein Sohn für mich arbeitet, werde ich darauf dringen, dass er jeden Aspekt der Firma kennenlernt. Ich werde alle seine Fragen darüber beantworten, auf welche Weise das Geschäft geführt wird, und begeistert jedem seiner Kommentare und Vorschläge zuhören. Warum? Weil er eines Tages den Familienbetrieb übernehmen soll. Ich bringe ihm bei, wie er sein Erbe verwalten kann.

Gott wollte uns niemals als Diener haben. Er wollte uns als Kinder. Dienen Kinder ihren Eltern? Ja! Aber sie haben einen ganz anderen Grund dafür, als ein Angestellter, welcher dient, um dafür etwas zu bekommen; das ist ein Austausch von Zeit gegen Geld. Ein Kind dient, weil es eine Beziehung zu seinen Eltern hat. Es bekommt ein Vermächtnis übertragen. Und Gott möchte, dass du weißt, wie sein Königreich funktioniert, damit du es überall, wohin du kommst, hervorbringst.

Im Geist zu sehen, macht Spaß. Ich genieße es, Horden von Engeln dabei zuzusehen, wie sie zum Klang des Lobpreises durch die Luft schweben. Ich liebe es, den Leuten mitzuteilen, welche Geschenke sie gerade umgeben. Aber all das sind nur flüchtige Freuden, wenn ich sie nicht mit dem Königreich und dem König verbinde, von dem sie kommen. Jede geistliche Gabe existiert nur für den einzigen Zweck, uns näher zu Gott zu bringen. Sie sind alle dazu da, die ständige Intimität mit ihm zu fördern. Ich war so lange mit meiner Gabe des Sehens unzufrieden, bis mir klar wurde, dass Gott mir sein Königreich zeigen wollte – mein Erbe.

Am Anfang dieses Buches sagte ich, dass ich dir weniger eine Gabe geben wollte, als dir eine Tür öffnen. Eigentlich hoffe ich sogar, dir aufzeigen zu können, dass diese Tür bereits aufgestoßen ist. Jesus starb, damit du Gott besser kennenlernen kannst, damit du ungestört mit ihm allein sein kannst, ohne dass die Sünde wie ein Riesenelefant mit im Raum ist. Es gibt keine Barriere mehr zwischen seiner Güte und unseren Herzen. Er hat den Vorhang niedergerissen. Unser Weg als Christen besteht darin, das Ausmaß dieser Güte kennenzulernen.

Aus diesem Grund weiß ich, dass das Sehen im Geist für jeden da ist. Natürlich wirst du vielleicht nicht so viel sehen wie ich. Und viele von euch werden sogar sehr viel mehr sehen. Aber darum geht es eigentlich gar nicht. Es geht darum, dass Jesus das Tor zum Königreich des Himmels geöffnet hat, damit du hindurchgehen kannst.

An dem Tag, an dem ich in der Viehversteigerungshalle in England gesehen habe, wie dieses Mädchen gerettet wurde, habe ich etwas gelernt. Es gibt mehr zu sehen, als irgendeiner jemals fassen könnte – nicht einmal tausende Privilegierte könnten es. Das Sehen ist kein Privileg; es ist unsere Bestimmung. Ich habe in ein paar Jugendlichen auf einer Konferenz genug gesehen, dass es mein Leben für immer verändert hat. Es gibt zu viele Leute, zu viele Segnungen und zu viel Königreich, als dass es nur ein paar wenige Auserwählte in seiner Tiefe sehen dürften.

Anhang

Für das weitergehende Studium

Beim Lesen dieses Buches ist dir vielleicht aufgefallen, dass es überraschend wenige Hinweise auf die Bibel oder spezielle Bibelstellen enthält, obwohl es von einem Christen für Christen und über ein christliches Thema geschrieben wurde. Deshalb habe ich diesen Anhang eingefügt, mit dem ich einige der Grundgedanken in diesem Buch auf eine stärkere biblische Grundlage stellen möchte.

Wie schon erwähnt, schrieb ich das Buch dreimal von Anfang bis Ende. Die ersten beiden Versionen waren wirklich gut. Sie waren durchweg mit vielen Bibelstellen durchsetzt und präsentierten meine Erfahrungen auf sehr klare und trockene Weise. Ich versuchte dabei, jede Geschichte und Erfahrung gut zu begründen. Auch war es ein Versuch, jede meiner Erfahrungen auf das persönliche Leben eines jeden möglichen Lesers anwendbar zu machen. Dadurch wurden sie jedoch komplett langweilig und leblos! Nachdem ich diese beiden Versionen fertig hatte, saß ich jedes Mal frustriert da und fragte mich: „Wie habe ich es nur geschafft, dass es sich so langweilig anhört, Engel zu sehen?"

Nach einigem Nachdenken kam ich zu dem Schluss, dass die ersten zwei Versionen von *Durch den Schleier sehen* zwar sachlich und genau waren, aber nicht *wirklich* die Erfahrung des Sehens im Geist abbildeten. Der Weg, auf dem ich in meiner Gabe gewachsen war, verlief nicht immer einwandfrei geradeaus. Es hatte nicht immer alles Sinn für mich gemacht. Wenig von dem was ich sah, kam mit einer klaren und sofortigen Erklärung daher; tatsächlich habe ich für manches immer noch keine Erklärung. Meine Dialoge mit dem Heiligen Geist über diese Dinge waren zwar friedlich und tröstlich, sie entsprachen aber nicht unbedingt einer strikten Logik oder gar einem geordneten, traditionellen Erzählfluss. Es passierte einfach, ohne dass ich es alles verstehen konnte.

So setzte ich mich also zu meinem dritten Versuch hin, ein Buch über das Sehen im Geist zu schreiben, mit dem Ziel, etwas aufs Papier zu bringen, das wirklich mit der Erfahrung meiner Gabe zusammenpasste. Das Endprodukt unterschied sich stark von den ersten beiden Versionen. Es war ungeordneter, warf mehr Fragen auf, als es beantwortete, und enthielt nur wenige Versuche, denen, für welche dieses Thema neu ist, alles gut zu begründen. Dafür ließ es eine Menge Raum für Fehlinterpretation und Missverständnisse. Trotzdem vermittelte es ein Bild, das der Gabe des Sehens im Geist am nächsten kam.

Ich bin zwar glücklich damit, wie das Buch nun herausgekommen ist, bin mir aber gleichzeitig der Schwächen meiner Herangehensweise bewusst. Ich hatte den Eindruck, ich solle Schriftstellen nur dort anführen, wo sie normalerweise in einem Gespräch über das Sehen im Geist auch vorkommen würden. Von Natur aus bin ich kein Mensch, der gerne streitet, und ich unternehme normalerweise nicht den geringsten Versuch, meine Gabe zu beweisen oder zu verteidigen. Deshalb fühlte es sich auch nicht richtig an, es im Buch so zu machen. Fast jedes Mal, wenn ich irgendwo eine Schriftstelle einfügte, erschien es mir irgendwie deplatziert, als würde ich versuchen, Begründungen und Rechtfertigungen für meine Geschichten einzustreuen. Es fühlte sich nicht authentisch an und es unterbrach jedes Mal den Erzählfluss. Leider fühlte es sich aber im Hinblick auf meine tiefe Liebe und persönliche Geschichte mit der Bibel genauso unecht an, dass ich nicht *mehr* Schriftverweise eingefügt hatte.

Dieser Anhang erscheint mir als perfekter Kompromiss. Er ist ein separater Teil in einem anderen Stil. Er unterbricht den natürlichen und unterhaltsamen Fluss des Hauptteils nicht, gibt mir aber zugleich die Möglichkeit, meine Gedanken und Ansichten über den geistlichen Raum mit einigen Bibelstellen zu belegen. Dies ist aber kein ausführliches Studium über die Aktivitäten der Engel in der Bibel. Es ist auch nicht der Versuch, die Gültigkeit meiner Behauptungen biblisch zu beweisen. Ich führe hier lediglich einige meiner Lieblingsverse über die geistliche Welt auf und erkläre kurz, was diese mir in all den Jahren bedeutet haben. Sie sind kleine Ankerpunkte, bei denen mir auffiel, dass meine persönlichen Erfahrungen mit denen von Männern und Frauen der biblischen Geschichte zusammenpassen. Gleichzeitig sind sie Wegweiser, um alle die wundervollen Dinge zu verstehen, die Gott für uns getan hat und immer noch tut.

> *Denn in ihm ist alles in den Himmeln und auf der Erde geschaffen worden, das Sichtbare und das Unsichtbare, es seien Throne oder Herrschaften oder Gewalten oder Mächte: Alles ist durch ihn und zu ihm hin geschaffen* (Kol 1,16).

Dies ist eine meiner Lieblingsstellen über den geistlichen Raum. Manche Leute denken, der physische und der geistliche Raum seien unterschiedliche und voneinander getrennte Orte. Das ist in gewisser Weise richtig, jedoch ist ebenso wahr, dass sowohl der physische als auch der geistliche Raum Teile der Schöpfung sind. Gott ist größer als sie beide. Sie wurden beide von ihm und für ihn erschaffen. Das ist eine starke Erinnerung daran, dass die ganze unsichtbare Welt nur im Kontext einer Beziehung zu Gott gesehen werden sollte und verstanden werden kann.

> *Da antwortete der Herr Hiob aus dem Sturm:*
> *„Wer ist es, der Gottes weisen Plan mit Worten ohne Verstand verdunkelt?*
> *Tritt vor mich hin wie ein Mann! Ich will dir Fragen stellen und du sollst mich belehren.*
> *Wo warst du, als ich die Grundfesten der Erde legte? Sag es mir, sofern du Bescheid weißt!*
> *Weißt du, wer ihre Maße festlegte oder wer das Maßband über ihr ausspannte?*
> *Worauf sind ihre Stützpfeiler eingesenkt und wer hat ihren Eckstein gelegt, als die Morgensterne miteinander sangen und alle Engel vor Freude jubelten?* (Hiob 38,1-7 NLB).

Das ist eine andere großartige Schriftstelle, die den Kontext offenbart, den wir in Bezug auf den geistlichen Raum brauchen.

Gott spricht zu Hiob und erklärt ihm die Wahrheit über seine Macht und Kraft. Dabei zeigt er ihm, dass er nicht nur größer als die Erde ist, sondern auch größer als der gesamte geistliche Bereich selbst. Es liefert uns auch Hinweise, um die Persönlichkeit der Engel zu verstehen. Sie jubeln vor Freude und sind begeistert über die erstaunlichen Werke Gottes.

Die Verehrung der Engel für Gott und seine Werke und ihre Zuneigung zu ihm haben mich immer überaus demütig gemacht. Ob es nun die feinen Anzeichen in ihrer Körperhaltung und ihrem Blickkontakt waren, oder ob sie ausdrücklich vor Freude sprangen und feierten. All das zeigte mir, dass Engel immer das ehren, was Gott gerade tut. Das erinnert mich daran, aufmerksam auf ihn zu sein, damit auch ich immer mehr all das Gute schätze, das er uns täglich schenkt.

> *Denn nach der Auferstehung heiratet man nicht, noch wird man geheiratet, sondern die Menschen sind wie Engel im Himmel* (Mt 22,30).

> *Die aber, die gewürdigt werden, an jener Welt und an der Auferstehung von den Toten teilzuhaben, heiraten nicht, noch lassen sie sich heiraten. Denn sie können auch nicht mehr sterben, weil sie den Engeln gleich und als Kinder der Auferstehung zu Kindern Gottes geworden sind* (Lk 20,35-36).

Dies sind zwei interessante Momentaufnahmen des Wesens der Engel. Obwohl ich, wie bereits erwähnt, Engel mit weiblichem oder männlichem Aussehen traf, habe ich sie nie als männlich oder weiblich betrachtet, jedenfalls nicht auf die gleiche Weise, wie wir es sind. Genauso habe ich Engel gesehen, die alt oder jung aussahen, aber nie den Eindruck gehabt, dass dies irgendetwas mit ihrem Alter zu tun hat, in der Art, wie wir es erleben.

Wenn ich einen Engel sehe, der alt wirkt, ist das für mich eher ein Hinweis auf seine Persönlichkeit und seinen Charakter. Es zeigt mir seine Weisheit, seine Zuversicht, seine Sicherheit und seine Zuverlässigkeit, die er sich in vielen Jahren der Erfahrung angeeignet hat. Jüngere Engel strahlen oft Vitalität, Flexibilität,

Kühnheit und Kreativität aus, welche die Kennzeichen der Jugend sind. Das heißt natürlich nicht, dass ein älter aussehender Engel nicht auch kreativ und kühn sein kann, obwohl diese Charakterzüge bei ihm eine andere Bedeutung haben als bei einem jünger aussehenden Engel. Das alles ist Teil des stark nuancierten visuellen Bildes, das beschreibt, wie der jeweilige Engel aussieht.

> *Jedes dieser vier Wesen hatte sechs Flügel, und auch die Flügel waren überall – selbst auf der Unterseite – mit Augen bedeckt. Tag und Nacht rufen diese Wesen immer wieder aufs Neue: „Heilig, heilig, heilig ist Gott, der Herr, der allmächtige Herrscher, er, der war, der ist und der kommt"* (Offb 4,8 NGÜ).

Das Buch der Offenbarung ist voller wunderschöner himmlischer Symbolik. Lebendige Wesen, sechs Flügel, Augen überall um sie herum; das klingt alles so jenseitig. Doch was tun diese Wesen? Sie beten Gott an und verkünden seine Güte. Ich habe diesen speziellen Vers gewählt, weil er ein großartiges Beispiel von etwas ist, das sehr fremdartig und abstrakt klingt, dessen Ziel und Fokus jedoch auf Gott liegt. Das erinnert mich daran, dass, egal, wie verwirrend oder ungewöhnlich die Dinge erscheinen mögen, die wir sehen, wir sie dadurch verstehen sollen, wie sie in Beziehung zu unserem Vater stehen. Erst dann wird ihr Zweck klar und sie werden uns immer weniger fremd erscheinen.

> *Dann sah ich einen Engel, der hoch oben am Himmel flog. Ihm war eine Botschaft von ewiger Bedeutung anvertraut, die er allen Bewohnern der Erde zu verkünden hatte, allen Völkern und Stämmen, den Menschen aller Sprachen und Kulturen* (Offb 14,6 NGÜ).

Diesen Vers liebe ich, denn wenn ich ihn lese, bekomme ich das gleiche Gefühl, wie wenn ich einen Aktivierungsengel sehe. Wie ich bereits im entsprechenden Teil des Buches erwähnt habe, bringen Aktivierungsengel die Gelegenheit mit, dass Gottes Willen auf der Erde geschieht. Ich sehe diese Engel ständig. Sie bringen viele verschiedene Arten von Dingen, manche davon so gut, dass du nicht glauben würdest, sie seien erreichbar oder auch nur möglich. Ich glaube, ein großer Teil unseres Auftrags als Christen besteht darin, zu Leuten zu werden, die sehen können, was Gott gerade tut, und hören, was er gerade sagt, damit wir sein Königreich auf der Erde freisetzen können.

> *Ich sage euch: Genauso freuen sich die Engel Gottes über einen einzigen Sünder, der umkehrt* (Lk 15,10 NGÜ).

Dies ist ein weiteres wundervolles Bild der Persönlichkeiten und Werte der Engel. Man kann so leicht vergessen, dass der Himmel auf deiner Seite ist und dass jeder deiner Siege gefeiert wird. Manchmal kann es passieren, dass wir solche Stellen in gewisser Weise zynisch auslegen, indem wir uns vorstellen, dass Engel nur deshalb jubeln, weil es ihr Job ist, oder dass sie uns einen sarkastischen Applaus zu unseren spärlichen Siegen geben. Aber meiner Erfahrung nach ist das nicht richtig. Wenn Engel etwas sind, dann aufrichtig. Sie lachen mit dir, weinen mit dir und feiern deine Siege, als wären es ihre eigenen.

> *Es wurde ihnen* (den Propheten des AT – Anm. d. Übers.) *gezeigt, dass diese Voraussagen nicht für ihre eigene Zeit bestimmt waren, sondern dass sie damit euch dienten. Und genau das ist nun eingetroffen! Ihr habt das Evangelium gehört; es wurde euch von denen verkündet, die dafür mit dem Heiligen Geist ausgerüstet waren, den Gott vom Himmel gesandt hat. Diese Botschaft ist so einzigartig, dass sogar die Engel den tiefen Wunsch haben, mehr darüber zu erfahren* (1 Pt 1,12 NGÜ).

Engel haben eine andere Beziehung zu Gott als wir. Ich würde sie nicht als besser oder schlechter bewerten, nur anders. In dem Abschnitt „Gemeinde" habe ich bereits einen Moment erwähnt, in dem alle Engel den Raum verließen. Obwohl ich das noch verschiedene andere Male erlebt habe, würde ich kein Gesetz daraus machen. Jedes Mal, wenn es geschah, spürte ich, dass sich die Art des Lobpreises hin zu einer tiefen Intimität veränderte. Ich weiß nicht genau, was der Unterschied zwischen unserer Beziehung zu Gott und der Beziehung der Engel zu ihm ist, aber ich weiß, dass wir das große Privileg haben, in die Tiefen seiner Gegenwart eingeladen zu sein.

Ihr hingegen seid zum Berg Zion gekommen, zur Stadt des lebendigen Gottes, zu dem Jerusalem, das im Himmel ist. Ihr seid zu der festlichen Versammlung einer unzählbar großen Schar von Engeln gekommen (Hebr 12,22 NGÜ).

Dann sah ich eine [unzählbar] große Schar von Engeln – tausend mal Tausende und zehntausend mal Zehntausende. Sie standen im Kreis rings um den Thron, um die vier lebendigen Wesen und um die Ältesten, und ich hörte, wie sie in einen mächtigen Chor sangen: „Würdig ist das Lamm, das geopfert wurde, Macht und Reichtum zu empfangen, Weisheit und Stärke, Ehre, Ruhm und Anbetung!" (Offb 5,11-12).

Die Leute sind oft überrascht, wenn ich ihnen sage, dass ich fünf oder sechs Engel in ihrem Haus sehe. „Wow!", sagen sie meist etwas ungläubig. „So viele?" Ich bin dann häufig genauso überrascht, dass sie nicht noch mehr erwarten. Ich weiß nicht genau, wie sie zu dieser Vorstellung kommen. Vielleicht glauben die Leute, dass es nicht genügend Engel gibt, oder sie denken, sie hätten eine starke Präsenz von Engeln nicht verdient. Doch beide Annahmen sind falsch.

Ich habe mehrere hunderttausend Engel in meinem Leben gesehen und gelegentlich zehntausende an einem Ort. Es gibt keinen Mangel an Engeln. Es ist auch wichtig, sich daran zu erinnern, dass dein Wert nicht auf deinen Fehlern oder Siegen beruht, sondern auf dem Wert, den Gott selbst dir gibt – und er erachtete dich des Blutes seines Sohnes für würdig! Fünf oder sechs Engel zu senden ist da nur eine kleine Geste für etwas so Kostbares.

Seht zu, dass ihr nicht eines dieser Kleinen verachtet! Denn ich sage euch, dass ihre Engel in den Himmeln allezeit das Angesicht meines Vaters schauen … (Mt 18,10 ELB).

Obwohl dies nur ein subtiles Beispiel dafür ist, dass Jesus das, was ich „persönliche Engel" nenne, erwähnt, zeigt es viel von ihrem Wesen, wie auch ich es bei ihnen gesehen und erfahren habe. Ich beschreibe die Beziehung zwischen persönlichen Engeln und ihrem Menschen oft als etwas, das irgendwo zwischen Geschwister- und Elternschaft liegt. Sie sind so lange bei uns, wie wir auf der Erde sind. Sie haben das Gute, das Schlechte und alles dazwischen gesehen. Aber ohne Ausnahme hat jeder persönliche Engel, den ich gesehen habe, eine tiefe und innige Liebe für den Menschen, mit dem er unterwegs ist. Die dezente Warnung, die Jesus hier ausspricht, passt perfekt zu dem liebenden und schützenden Wesen, das ich bei den persönlichen Engeln gesehen habe.

> *Während Petrus nun also streng bewacht im Gefängnis saß, betete die Gemeinde intensiv für ihn zu Gott.*
> *In der Nacht vor der von Herodes geplanten öffentlichen Verurteilung schlief Petrus zwischen zwei Soldaten, mit je einer Kette an sie gefesselt; und vor der Tür seiner Zelle waren Posten aufgestellt und hielten Wache.*
> *Mit einem Mal stand ein Engel des Herrn in der Zelle, und helles Licht erfüllte den Raum. Der Engel gab Petrus einen Stoß in die Seite, um ihn zu wecken. „Schnell, steh auf!", sagte er. Im selben Augenblick fielen die Ketten, die Petrus um die Handgelenke trug, zu Boden.*
> *Der Engel sagte: „Binde den Gürtel um und zieh deine Sandalen an!", Petrus tat es. „Und jetzt wirf dir den Mantel über und komm mit!", sagte der Engel.*
> *Petrus folgte ihm nach draußen, allerdings ohne zu wissen, dass das, was er mit dem Engel erlebte, Wirklichkeit war; er meinte vielmehr, er hätte eine Vision. Sie passierten den ersten Wachtposten, ebenso den zweiten, und als sie schließlich zu dem eisernen Tor kamen, das in die Stadt führte, öffnete es sich ihnen von selbst. Sie traten ins Freie und gingen eine Gasse entlang – und plötzlich war der Engel verschwunden.*
> *Da erst kam Petrus zu sich. „Wahrhaftig", sagte er, „jetzt weiß ich, dass der Herr seinen Engel gesandt hat! Er hat mich*

> *Herodes und seiner Macht entrissen und hat mich vor all dem bewahrt, was das jüdische Volk so gern gesehen hätte."*
> *Nachdem er über seine Lage nachgedacht hatte, ging er zum Haus von Maria, der Mutter des Johannes, der den Beinamen Markus trägt. Dort war eine große Zahl von Christen zum Gebet versammelt. Petrus klopfte an das Eingangstor, worauf eine Dienerin namens Rhode kam, um nachzusehen, wer vor dem Haus stand. Als sie die Stimme von Petrus erkannte, vergaß sie vor lauter Freude, das Tor zu öffnen, lief ins Haus zurück und rief: „Es ist Petrus! Petrus steht vor dem Tor!" – „Du hast wohl den Verstand verloren!", entgegneten die anderen. Und als Rhode darauf beharrte, dass es sich genauso verhielt, wie sie sagte, meinten sie: „Dann muss es sein Engel sein."*
> *Währenddessen klopfte Petrus wieder und wieder ans Tor. Als sie schließlich öffneten und ihn sahen, waren sie außer sich vor Freude* (Apg 12,5-16 NGÜ).

Diese Geschichte ist sehr lustig und man kann sich gut darin finden. Manche Leute denken, weil ich im Geist sehe, würde ich auch alle die Geheimnisse des Universums verstehen und unendliche göttliche Erkenntnis haben. So ist es nicht! Der größte Teil meines Lernprozesses des Sehens im Geist war, dass ich langsam den Glauben und das Vertrauen entwickelte, dass der Heilige Geist mich darin leiten wird, mit all diesen Dingen, die ich sehe, auch das Richtige zu tun. Ich liebe diese Geschichte, weil lange Zeit keiner weiß, was eigentlich gerade passiert. Petrus glaubt, dass er nur eine Vision sieht. Es ist ihm nicht wirklich klar, dass er soeben ein Wunder erlebt, bis es schon vorbei ist. Und seine Freunde glauben nicht, dass er es ist, der vor der Tür steht. Es ist eine zwölf Verse lange „geistliche Komödie".

Dies ist eine wundervolle Lektion für jeden, der daran arbeitet, seine Gabe des Sehens im Geist zu entwickeln. Es macht nicht immer alles gleich vollkommen Sinn. Vielleicht bist du dir nicht völlig sicher über das, was du gerade siehst oder was du damit anfangen sollst. Zum Glück ist der Himmel auf deiner Seite und Gott weiß, wer du bist und wie du denkst. Er wird dir genau das geben, was du brauchst, damit du tun kannst, wozu er dich berufen hat – selbst wenn ein Engel dir an die Seite schlagen muss, um deine Aufmerksamkeit zu erlangen.

Nebenbei bemerkt enthält diese Geschichte auch einige Parallelen zu meinen eigenen Erfahrungen. Ich habe oft persönliche Engel gesehen, die wirklich so aussahen wie der Mensch, mit dem sie unterwegs waren. Rhodes Behauptung, Petrus sei an der Tür, wird von seinen Freunden abgebügelt, indem sie sagen: „Es muss sein Engel sein." Daraus können wir schließen an, dass sein Engel so aussieht und klingt wie er selbst. Interessant ist auch, dass sie eher seinen Engel erwarteten als den aus dem Gefängnis befreiten Petrus. Es erstaunt mich, wie selbstverständlich es offenbar für die frühe Gemeinde war, im Geist zu sehen.

> *In Gedanken aus nächtlicher Schau, wenn Tiefschlaf über Menschen fällt, kam Furcht und Zittern über mich und schreckte meine Glieder auf. Ein kalter Hauch berührte mein Gesicht, die Haare standen mir zu Berg. Da stand er, den ich nicht kannte. Vor meinen Augen war eine Gestalt, und ich hörte ein Flüstern: „Kann ein Mensch gerecht sein vor Gott, ein Mann vor seinem Schöpfer rein? Selbst seinen Dienern traut er nicht, wirft auch seinen Engeln Irrtum vor; wie viel mehr dann den Geschöpfen aus Lehm, die aus dem Staub hervorgegangen sind, die man wie Motten zerdrückt, die man von Morgen bis Abend erschlägt? Unbeachtet gehen sie für immer dahin. Gott bricht ihre Zelte ab, sie sterben und wissen nicht einmal wie"* (Hiob 4,13-21 NeÜ).

Dies ist ein interessanter Bericht von Eliphas, dem Sprecher in diesem Teil des Buches Hiob, der eine Art geistliche Begegnung hat. Er sieht etwas, weiß aber nicht genau was. Die Botschaft hört sich an, als sei sie von Gott, und Eliphas scheint das auch zu denken, aber es ist nicht besonders klar. Ich mag dieses Beispiel, denn so ist es manchmal, wenn wir im Geist sehen: Wir haben nicht das ganze Bild. Sogar bis zum heutigen Tag sehe ich manchmal einen Engel, der so unscharf und verschwommen ist, dass ich keine klaren

Eigenschaften ausmachen kann. Manchmal höre ich etwas, bin mir aber nicht völlig sicher, ob es wirklich von Gott ist.

Das ist sehr wichtig für Leute, die damit beginnen im Geist zu sehen. Die Wahrscheinlichkeit ist groß, dass eine ganze Zeitlang vieles von dem, was du siehst, unklar ist. Du verstehst vielleicht nicht, was du siehst oder was du damit anfangen sollst.

Geschichten wie diese erinnern uns daran, wie wichtig es ist, eine Gruppe gesunder und ausgewogener Leute zu haben, die in unser Leben hineinsprechen können, Menschen, denen wir unsere geistlichen Erfahrungen anvertrauen können, und von denen wir ein ehrliches Feedback bekommen. Das gibt uns einen sicheren Platz zum Wachsen und wird dieses Wachstum noch beschleunigen.

Viele Male und auf verschiedenste Weise sprach Gott in der Vergangenheit durch die Propheten zu unseren Vorfahren. Jetzt aber, am Ende der Zeit, hat er durch seinen eigenen Sohn zu uns gesprochen. Der Sohn ist der von Gott bestimmte Erbe aller Dinge. Durch ihn hat Gott die ganze Welt erschaffen.
Er ist das vollkommene Abbild von Gottes Herrlichkeit, der unverfälschte Ausdruck seines Wesens. Durch die Kraft seines Wortes trägt er das ganze Universum. Und nachdem er das Opfer gebracht hat, das von den Sünden reinigt, hat er den Ehrenplatz im Himmel eingenommen, den Platz an der rechten Seite Gottes, der höchsten Majestät.
Selbst im Vergleich mit den Engeln ist seine Stellung einzigartig. Ihm wurde ja auch ein unvergleichlich höherer Titel verliehen als ihnen. Oder hat Gott je zu einem von den Engeln gesagt: „Du bist mein Sohn; heute habe ich dich gezeugt."? An einer anderen Stelle sagt Gott: „Ich werde sein Vater sein, und er wird mein Sohn sein." Und dort, wo die Rede davon ist, dass Gott ihn, den Erstgeborenen, in unsere Welt einführt, heißt es: „Alle Engel Gottes sollen sich vor ihm niederwerfen und ihn anbeten."
Die Engel werden als Diener bezeichnet; es heißt in der Schrift: „Gott macht seine Engel zu Sturmwinden, seine Diener

zu Feuerflammen." Zum Sohn jedoch wird gesagt: „Dein Thron, o Gott, hat für immer Bestand; Gerechtigkeit ist das Kennzeichen deiner Herrschaft. Du liebst das Recht; alles Unrecht ist dir verhasst. Deshalb, o Gott, hat dein Gott das Salböl der Freude in solcher Fülle über dich ausgegossen, wie er es bei keinem deiner Freunde getan hat."
An einer anderen Stelle heißt es: „Du, Herr, hast am Anfang das Fundament der Erde gelegt, und auch der Himmel ist das Werk deiner Hände. Himmel und Erde werden vergehen, du aber bleibst. Sie werden alt werden – alt wie ein abgenutztes Kleid; du wirst sie zusammenrollen wie einen Umhang, sie werden ausgewechselt werden wie ein abgetragenes Kleidungsstück. Du aber bleibst der, der du bist, und deine Zeit wird kein Ende haben."
Und hat Gott je zu einem Engel gesagt: „Setze dich an meine rechte Seite, bis ich deine Feinde zum Schemel für deine Füße gemacht habe!"?
Nein, die Engel sind alle nur Diener, Wesen der unsichtbaren Welt, die denen zu Hilfe geschickt werden, die am kommenden Heil teilhaben sollen, dem Erbe, das Gott uns schenkt (Hebr 1,1-14 NGÜ).

Dies ist eine großartige Momentaufnahme von der Herrschaft des Himmels. Engel sind eindeutig nicht dazu da, angebetet zu werden, aber wir sollten sie auch nicht ignorieren. Ihr Dienst ist Teil des Erbes der Erlösung. Wir sollten die Segnungen ihrer Gegenwart in unserem täglichen Leben empfangen. Sie sind hier, um uns zu helfen, das zu tun, wozu Gott uns gesandt hat:

Denn er schickt seine Engel für dich aus, um dich zu behüten, wo immer du gehst. Sie werden dich auf Händen tragen, damit dein Fuß an keinen Stein stößt (Ps 91,11-12 NeÜ).

Auf, lobt Jahwe, ihr Engel vor ihm, ihr mächtigen Wesen, die ihr tut, was er sagt, und gehorsam seine Befehle ausführt! Ja, lobt Jahwe, ihr himmlischen Heere, ihr seine Diener, die tun, was ihm gefällt! (Ps 103,20-21 NeÜ).

Daraufhin ging der Teufel mit ihm in die Heilige Stadt, stellte ihn auf den höchsten Vorsprung im Tempel und sagte: „Wenn du Gottes Sohn bist, dann stürz dich hier hinunter! Es steht ja geschrieben: ‚Er schickt seine Engel für dich aus, um dich zu beschützen. Auf den Händen werden sie dich tragen, damit dein Fuß nicht an einen Stein stößt.'"
Jesus gab ihm zur Antwort: „Es heißt aber auch: ‚Du sollst den Herrn, deinen Gott, nicht herausfordern!'"
Schließlich ging der Teufel mit ihm auf einen sehr hohen Berg, zeigte ihm alle Königreiche der Welt und sagte: „Das alles will ich dir geben, wenn du dich vor mir niederwirfst und mich anbetest."
Da sagte Jesus: „Weg mit dir, Satan! Es steht geschrieben: ‚Du sollst den Herrn, deinen Gott, anbeten und ihm allein dienen!'" Da ließ der Teufel von Jesus ab, und Engel kamen und versorgten ihn (Mt 4,5-11 NeÜ).

Eine der Hauptaufgaben der Engel ist, Gott und seinen Kindern zu dienen. Und eines meiner Hauptziele mit diesem Buch ist, darzustellen, mit wie vielen wunderbaren und schönen Fähigkeiten Gott die Engel ausgestattet hat, um das zu tun. Wir sind auf jede erdenkliche Weise behütet und von jeder Position aus beschützt, mit jeder Quelle versorgt und von der Unterstützung des Himmels umgeben.

Über den Autor

Blake K. Healy leitet die *School of Supernatural Ministry* (Schule für den übernatürlichen Dienst) der Bethel-Gemeinde in Atlanta. Außerdem ist er Mitglied des Ältestenteams dieser Gemeinde und steht in einem Reisedienst, um seine Erfahrungen mit dem Sehen im Geist weiterzugeben und andere darin zu lehren. Mit seiner Frau April und seinen vier Kindern (Haydon, Finnley, November und Ender) lebt er in Peachtree City. Weitere Informationen:
https://www.facebook.com/blake.healy.7

Weitere Bücher von Blake Healy bei GloryWorld-Medien

Blake K. Healy, Vollkommen gut

Gott mit den Augen seiner Liebe sehen lernen; 184 S., Pb.

Auch in diesem Buch lässt uns Blake Healy daran teilhaben, was er in alltäglichen und speziellen Situationen im Geist sieht, sei es bei einer Gerichtsverhandlung, zu Hause, im Freibad, oder bei einem evangelistischen Einsatz.

Doch schmerzhafter, als im Geist die klaffenden Wunden eines emotionalen Traumas oder dämonische Gebundenheit zu sehen, ist für ihn, *wenn die Güte Gottes von seinem Volk nicht in Anspruch genommen wird.*

Mit diesem Buch verfolgt er deshalb zwei Ziele: Er möchte anhand von drei Schlüsseln die *Gabe des Sehens im Geist in uns aktivieren,* und er möchte, dass wir dadurch *die Güte Gottes wiederentdecken.*

Blake K. Healy, Unzerstörbar

Führe deine geistlichen Kämpfe aus der Perspektive des Himmels; 192 S., Pb.

Welche Fallen und Taktiken wenden Dämonen an, und wie können wir diese meiden? Dieses Buch fasst zusammen, was Blake K. Healy in über dreißig Jahren über die Pläne des Feindes und ebenso die des Himmels gelernt hat.

Wir lernen, wie wir die Komplotte, Pläne und Lügen des Feindes aufdecken und abwehren können und gleichzeitig die Pläne des Himmel vorantreiben können.

Sein Hauptanliegen ist dabei, dass wir den geistlichen Kampf nicht aus eigener Kraft, sondern aus der Perspektive des Himmels führen, und ein Leben aufbauen, das unzerstörbar ist.

Die Sprache des Himmels verstehen

Erkenne und entfalte Gottes Wirken in jedem Bereich deines Lebens; 160 S., Pb.

Wie funktioniert die geistliche Welt? Diese Frage wird Blake Healy seit Jahren gestellt, seit andere erfahren haben, dass er Engel, Dämonen und andere geistliche Realitäten mit bloßen Augen sehen kann.

Mit inspirierenden Geschichten und auf Grundlage der Bibel zeigt er, wie wir lernen können, die Sprache des Himmels zu verstehen, und was der Unterschied ist zwischen dem, was weltlich ist, was heilig ist und was unser Platz als geistliche Wesen in dieser riesigen und wunderbaren Welt ist.

Weitere Produkte von GloryWorld-Medien

„Himmlische Bücher für die Erde"

Jonathan Welton, Die Schule der Seher

Eine praktische Anleitung, wie man ins Unsichtbare hineinsehen kann; 224 S.; Pb.; Vorwort von Randy Clark

Viele Christen haben angefangen, übernatürliche Phänomene zu erleben: Träume, (offene) Visionen, Engel oder Dämonen. Aber es mangelt ihnen an solider biblischer Lehre und sie sind zu dem geworden, was man als *Seherwaisen* bezeichnet: Sie suchen verzweifelt nach jemandem, der sie trainiert, ermutigt und freisetzt.

Das Ziel von Jonathan Welton war deshalb, ein praktisches Handbuch herauszubringen, das den Leib Christi mit den Informationen ausrüstet, die notwendig sind, um in der Dimension des Prophetischen bzw. des Sehers zu wachsen und im Leben im Übernatürlichen Reife zu erlangen.

Gary Oates, Öffne mir die Augen, Herr

Wie wir mit Gott und seinen Engeln zusammenarbeiten können

120 Seiten; Paperback

Das Leben des heutigen „Normalchristen" ist nur wenig vom Übernatürlichen geprägt. Bei Gary Oates war das nicht anders, bis er durch einen großen geistlichen Hunger einige einschneidende Erlebnisse mit Gott hatte. Er wurde auf dramatische Weise im Geist in die Gegenwart Gottes versetzt und es wurden ihm die Augen für den Dienst der Engel geöffnet.

Dieses Buch geht nicht nur auf diese Erlebnisse ein, sondern ist eine praktische Anleitung dafür, wie wir in eine solche Vertrautheit mit Gott hineinfinden können, dass auch unsere geistlichen Sinne für diese himmlischen Dimensionen geöffnet werden.

Dr. Charity Virkler-Kayembe / Dr. Mark Virkler
Höre Gott durch deine Träume

Gottes Reden in der Nacht verstehen; 288 S., Pb.

In der Bibel finden wir sehr viele Beispiele für Gottes Reden durch Träume. Auch heute möchte er uns durch Träume wichtige Botschaften zukommen lassen. Doch beachten wir sie oft wenig oder wissen nicht, wie sie zu deuten sind.

Diesem Missstand möchte dieses Buches abhelfen. Die Autoren haben sehr viele Erfahrungen im Umgang mit Gottes Reden gesammelt. Das Buch ist ein praktischer, leicht verständlicher und biblischer Leitfaden, um die Sprache zu verstehen, die Gott in unseren Träumen benutzt.

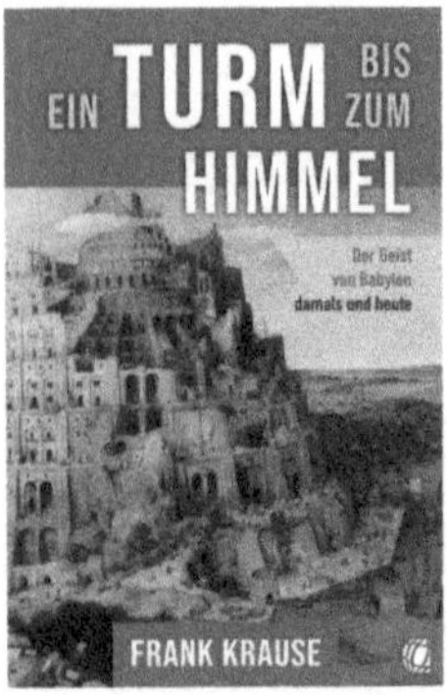

Frank Krause, Ein Turm bis zum Himmel

Der Geist von Babylon, damals und heute; 176 S., Pb.

Viele Christen meinen, die apokalyptischen Ereignisse um den Untergang Babylons kämen erst noch, der Autor jedoch glaubt, dass wir uns bereits mitten darin befinden und Zeugen des kollabierenden „Turms der Anmaßung" sind.

Offenbar geschieht vieles, von dem wir annahmen, es würde sich nacheinander ereignen, in Wahrheit nebeneinander bzw. gleichzeitig.

Das Buch will sowohl die Vorstellungen darüber vertiefen, wer und was Babylon ist, als auch Orientierung geben, um in den turbulenten Wehen der Endzeit, durch die wir gehen, standzuhalten.

Zudem will es den Blick auf die hinter dem Irdischen liegenden himmlischen Ereignisse lenken, die mit der „großen Hochzeit" und der Stadt des lebendigen Gottes, dem „Neuen Jerusalem" zu tun haben. Das Ende des einen ist der Anfang des anderen.

Randy Kay, Himmelssturm

Eine himmlische Begegnung enthüllt Gottes Pläne für die Endzeit; 304 S., Pb.

Nachdem Randy Kay in einem Krankenhaus klinisch gestorben war, erlebte er eine lebensverändernde Begegnung mit Jesus. Dabei erhielt er nicht nur großen Einblick in sein eigenes Leben, in das Wesen des dreieinigen Gottes und in das, was im Himmel vor sich geht, sondern auch in Gottes Pläne für die Endzeit.

Jedoch erst 16 Jahre nach seiner Nahtoderfahrung enthüllte ihm Gott, welche Bedeutung der Sturm, den er im Himmel gesehen hatte, für unsere Zeit hat. Die Beschreibung seiner Erkenntnisse hebt dabei hervor, dass Gottes letzter Akt auf der Bühne der menschlichen Geschichte unmittelbar bevorsteht.

Cornelia Weinmann, Jesus ruft seine Braut

Gottes Herzschlag für Deutschland entdecken

344 S., Paperback.

Wofür schlägt Gottes Herz, was ist die Berufung der Braut Christi in Deutschland und was könnte uns hindern, diese Berufung anzunehmen?

Dieses Buch entfaltet die atemberaubende Liebesgeschichte zwischen Gott und uns Menschen. Wir sind eingeladen, Jesu Braut zu sein! Insbesondere werden wir dabei auch den Herzschlag Gottes für Deutschland entdecken.

Sind wir von den Traumata der Vergangenheit befreit, können wir im Takt seiner Liebe in neugewonnener Leichtigkeit in eine neue Zukunft gehen. Der Ruf geht nämlich schon durch die Welt: „Seht, der Bräutigam kommt! Geht hinaus, ihm entgegen!" (Mt. 25,6).

Phil Mason, Quanten-Herrlichkeit

Die Wissenschaft von der Inbesitznahme der Erde durch den Himmel; 520 Seiten, Paperback

Quanten-Herrlichkeit erläutert auf eine äußerst spannende Weise die Zusammenhänge zwischen den faszinierenden Erkenntnissen der Quantenmechanik und der Herrlichkeit Gottes, die sich u. a. in Heilungswundern äußert.

Der erste Teil untersucht die subatomare Welt und enthüllt ihren außergewöhnlich komplexen göttlichen Plan, der die Genialität unseres Schöpfers offenbart.

Im zweiten Teil erklärt der Autor ausführlich, wie die Herrlichkeit Gottes in unser physisches Universum eindringt, um Wunder göttlicher Heilung zu bewirken.

Das Buch ist vollgepackt mit verblüffenden Erkenntnissen, aber mehr als das, ist es dazu bestimmt, uns für den übernatürlichen Dienst auszurüsten, damit wir die Herrlichkeit Gottes auf der Erde freisetzen, wie sie im Himmel ist!

Phil Mason, Die Ergründung des Herzens

Eine Einführung in die Herzensrevolution; 240 S., Pb.

Band 1 der Reihe „Übernatürliche Transformation"

Willkommen zur Herzensrevolution! Phil Mason bringt uns mit diesem Buch wieder mit dem Herzen Gottes – und somit auch unserem eigenen Herzen – in Verbindung. Begegnen wir der verschwenderischen Liebe des Vaters, erweckt sie in unserem Herzen eine neue Begeisterung und Leidenschaft.

Jesu Modell der Herzensverwandlung stützt sich nicht auf irdische Weisheit und Methoden. Er möchte, dass wir durch eine Begegnung mit der Herrlichkeit und Macht Gottes verwandelt werden.

Kevin Basconi, Mit den Engeln tanzen, Band 1

Die Grundlagen: Gottes Engel erkennen, einladen und beauftragen; 240 S.; Paperback

Mit diesem Buch stellt uns Kevin Basconi eine inspirierende, glaubensstärkende und praktische Anleitung zur Verfügung, wie ganz normale Gläubige mit Engeln zusammenarbeiten und sie sogar beauftragen können, um den Willen Gottes auszuführen.

Sein Buch ist voller spannender persönlicher Berichte, in denen er uns an seinem wachsenden Verständnis über das Wirken der Engel teilhaben lässt. Er erläutert, wie unsere Fähigkeit, Gottes Willen zu tun, dramatisch zunimmt, sobald wir mit Engeln zusammenwirken.

Chad Gonzales, Nie wieder krank

Erlebe übernatürliche Gesundheit durch Jesu Auferstehungskraft in dir, 240 Seiten, Paperback

Du musst nie wieder krank werden! Ergreife deine Heilung, die im Neuen Bund enthalten ist!

Wenn es um das Thema Heilung geht, gibt es immer noch viel Verwirrung im Leib Christi. Werden wir durch das Werk Jesu am Kreuz nur geistlich geheilt oder gilt es auch für unseren Körper?

Dieses bahnbrechende Buch schafft in dir ein Bewusstsein dafür, wer du in Christus wirklich bist, was es bedeutet, in seinem Leib mit ihm vereint zu sein und sogar wie Jesus selbst in dieser Welt zu leben. Gesundheit ist nur eine der übernatürlichen Früchte, die daraus resultieren!

Tommy Welchel und Michelle P. Griffith

Wahre Geschichten und Wunder der Azusa Street

Eine der größten Erweckungen der Geschichte, die heute wieder aktuell ist; 200 S., Pb.

Tommy Welchel besuchte in den 1960er-Jahren die Leute, die als Jugendliche wesentlich an einer der größten geistlichen Erweckungen beteiligt waren – der Azusa-Street-Erweckung. Sie erzählten ihm aus erster Hand, welche außergewöhnlichen Wunder und Heilungen sie damals erlebten, wenn sie für Menschen beteten.

Erst vor Kurzem gab Gott dem Autor die Erlaubnis, diese Geschichten in Buchform zu veröffentlichen. Inzwischen werden sie auf der ganzen Welt erzählt und die Folgen sind immer noch erstaunlich: Wunderbare Heilungen, übernatürliche Phänomene und Lösungen für das Unmögliche.

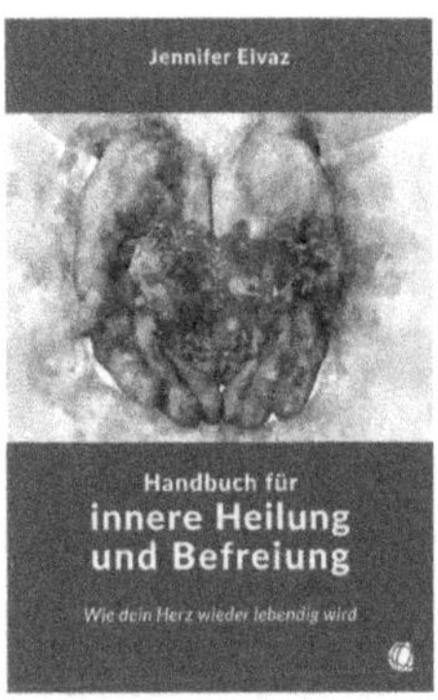

Jennifer Eivaz

Handbuch für innere Heilung und Befreiung

Wie dein Herz wieder lebendig wird; 200 S., Paperback

Lass den Heiligen Geist dein Herz wieder zum Leben erwecken!

Dieses Buch zeigt auf, wie man von inneren Verletzungen, Traumen und dämonischen Belastungen frei werden kann. Und es rüstet uns zu, anderen in diesen Bereichen zu dienen.

Jennifer Eivaz erzählt von ihrem eigenen herausfordernden Weg aus extremem Missbrauch zu Heilung und Befreiung. Die von ihr erkannten und erprobten Wahrheiten haben weltweit schon vielen anderen Menschen geholfen, heil und frei zu werden.

Bill Johnson / Randy Clark, Berufen zu heilen (Bd.1)

Grundlagen und Praxis des Gebets für Kranke, 240 S., Pb.

Jeder Christ kann von Gott gebraucht werden, um anderen Heilung zukommen zu lassen. Das ist das Anliegen der beiden Autoren. Dazu berichten Sie, wie Gott sie in den Heilungsdienst hineinführte, und legen anschließend klare biblische Grundlagen für das Heilungsgebet. Im umfangreichsten Teil gehen sie auf verschiedene Aspekte ein, die für eine Heilung förderlich sind, erläutern, wie seelische und körperliche Krankheiten zusammenhängen und stellen dann ein in der Praxis bewährtes Modell für das Gebet um Heilung vor, das für alle Christen leicht anwendbar ist.

James Goll

Geistlich wahrnehmen und unterscheiden

Wie wir Offenbarungen empfangen, prüfen und anwenden können; 216 S.

James Goll erklärt, dass jeder Nachfolger Jesu geistliche Offenbarungen empfangen und prüfen kann, auch wenn einige als Propheten besonders begabt sind. Er legt präzise dar, wie wir unsere Sinne dem Heiligen Geist hingeben können, damit wir geistlich wahrnehmen können.

Und er erläutert, wie wir Offenbarungen prüfen, anwenden und letztlich verinnerlichen können, damit die Menschen sie nicht nur hören, sondern in uns sehen.

Für das vertiefte Studium ist ein Arbeitsbuch erhältlich.

James Goll

Die Gaben des Heiligen Geistes freisetzen

216 S., Paperback

Der Heilige Geist demonstriert Gottes übernatürliche Kraft durch seine Gemeinde heute, indem seine Herrlichkeit auf globaler Ebene freigesetzt wird. Alle Gaben Gottes sind immer noch voll funktionsfähig, und jeder einzelne Gläubige ist dazu bestimmt, im Fluss Gottes zu leben und seine Bestimmung zu erfüllen.

James Goll zeigt auf, wie der Heilige Geist durch die neun bekanntesten Geistesgaben wirkt und wie wir sie unter Gottes Leitung für die Erfüllung des Missionsbefehls einsetzen können.

Anhand vieler anschaulicher Beispiele aus der Bibel und aus der Gegenwart lernen wir, wie geistliche Gaben in der Praxis funktionieren. Aber es geht in diesem Buch nicht nur darum, wie man seine geistlichen Gaben entdeckt oder empfängt, sondern wie man sie freisetzt und weitergibt!

Barry & Lori Byrne, Liebe in der Ehe

Eine tiefere geistliche, emotionale und körperliche Einheit erleben; Vorwort von Bill Johnson; 334 S., Klappenbroschur

Gott möchte, dass die Ehe ein Ort echter Liebe und Vertrautheit ist. Dafür brauchen wir die Hilfe des Heiligen Geistes. Mit ihm können wir die Ursachen unserer Konflikte erkennen und überwinden. Unsere Ehe kann Heilung und Wiederherstellung erfahren, egal, wie der momentane Zustand ist.

Mit klarer biblischer Lehre und vielen praktischen Hilfen packen die Autoren die wichtigsten heißen Eisen an. Viele ermutigende Erfahrungsberichte verdeutlichen die dramatische Heilung und Intimität, die mit Gottes Hilfe möglich ist.

Dr. Henry Wright

Die geistlichen Ursachen von Krankheiten

Klare Antworten auf Ihre Fragen zu Krankheitsprävention und Heilung, 208 Seiten, Pb.

Gemäß den langjährigen Erfahrungen des Autors haben etwa 80 Prozent aller Krankheiten eine geistliche Ursache und sind die direkte Folge einer gestörten Beziehung zu Gott, zu uns selbst oder zu anderen. Gott offenbarte ihm aus seinem Wort, was die geistlichen Ursachen von Krankheiten und den Blockaden zur Heilung sind.

Er geht insbesondere auf folgende Krankheitsarten ein: Allergien, Autoimmunerkrankungen, psychische Störungen, Herz-Kreislauf-Erkrankungen und Belastungsstörungen (z. B. Stresskrankheiten).

Dr. Larry Richards

Die volle Waffenrüstung Gottes

Gut geschützt gegen die Angriffe des Bösen; 208 Seiten, Pb.

Die Bibel macht deutlich, dass ein Großteil unserer Unsicherheiten, Ängste und Zweifel auf den Machenschaften böser Mächte beruhen. Deshalb ist es so entscheidend, dass wir sowohl die Strategien kennen, die Satan benutzt, um uns anzugreifen, als auch die Rüstung, die Gott uns zur Verfügung stellt, um uns dagegen zu schützen.

Eine biblische Dämonologie, Hilfen zum Umgang mit dem Bösen in der Seelsorge sowie Lektionen für „Lebe-frei-Selbsthilfegruppen" runden das Buch ab.

Bestellen Sie entweder im Buchhandel oder direkt beim Verlag:

GloryWorld-Medien | Beit-Sahour-Str. 4 | D-46509 Xanten
Fon: 02801-9854003 | Fax: 02801-9854004 | info@gloryworld.de

Aktuelles, Leseproben, Downloads & Shop: **www.gloryworld.de**